Raymond LOISEAU

# Grammaire française

**français langue étrangère**

## Hachette

ISBN 2.01.000255.5

# Avant-propos

Cet ouvrage, destiné d'abord aux étudiants étrangers, respecte les caractéristiques de la collection « Outils ». En un petit nombre de pages et sous une présentation simple il va à l'essentiel. Il propose une mise en ordre du contenu syntaxique du « Français fondamental[1] » qui permettra aux étudiants, après avoir acquis par la pratique les mécanismes prioritaires, de disposer d'une référence et de systématiser leurs connaissances.

Sur plusieurs points cette grammaire française est nouvelle. L'étudiant qui aborde le français comme une langue étrangère devrait être sensible, par exemple, à l'utilité des tableaux de constructions fondamentales; à l'éclaircissement d'un certain nombre de difficultés qui lui sont propres; à un classement commode des moyens d'expression oraux et écrits dont la langue dispose.

Il nous semble également que cet ouvrage pourrait être de quelque profit aux professeurs, notamment dans l'élaboration de leurs exercices.

Faciliter la tâche des uns et des autres, telle a été l'unique ambition qui a guidé l'auteur dans ce travail.

---

1. *Le Français fondamental* (1er degré), Paris : SEVPEN.

# CHAPITRE I

# Les sons du français

## 1   Les voyelles

| | | | | | | |
|---|---|---|---|---|---|---|
| [i] | → lit | [li] | [ɛ] | → mais | [mɛ] | |
| [y] | → tu | [ty] | | mère | [mɛʀ] | |
| [u] | → vous | [vu] | | tête | [tɛt] | |
| [a] | → la | [la] | | elle | [ɛl] | |
| [ɑ] | → pas | [pɑ] | | il est | [ilɛ] | |
| [ɔ] | → votre | [vɔtʀ] | [ɛ̃] | → matin | [matɛ̃] | |
| [o] | → vos | [vo] | | main | [mɛ̃] | |
| | auto | [oto] | | peintre | [pɛ̃tʀ] | |
| | beau | [bo] | [œ̃] | → lundi | [lœ̃di] | |
| [ə] | → petit | [pəti] | | parfum | [paʀfœ̃] | |
| [œ] | → leur | [lœʀ] | [ɔ̃] | → bon | [bɔ̃] | |
| [ø] | → deux | [dø] | | ombre | [ɔ̃bʀ] | |
| [e] | → l'été | [lete] | [ɑ̃] | → dans | [dɑ̃] | |
| | mes | [me] | | lampe | [lɑ̃p] | |
| | arriver | [aʀive] | | dent | [dɑ̃] | |
| | | | | temps | [tɑ̃] | |

## 2   Les semi-voyelles

| | | | | | |
|---|---|---|---|---|---|
| [w] | → moi | [mwa] | − loin | [lwɛ̃] | |
| [j] | → paille | [paj] | − travail | [tʀavaj] | |
| | oreille | [ɔʀɛj] | − pareil | [paʀɛj] | |
| | fille | [fij] | | | |
| | feuille | [fœj] | | | |
| | nouille | [nuj] | | | |
| [ɥ] | → lui | [lɥi] | muet | [mɥɛ] | |

## 3  Les consonnes

| | | | | | | |
|---|---|---|---|---|---|---|
| [p] | → · pas | [pɑ] | | [b] | → bas | [bɑ] |
| [t] | → toi | [twa] | | [d] | → doigt | [dwa] |
| [κ] | → car | [κaʀ] | | [g] | → gare | [gaʀ] |
| | kilo | [κilo] | | | bague | [bag] |
| | que | [κə] | | | | |
| [m] | → me | [mə] | | [n] | → ne | [nə] |
| [f] | → fou | [fu] | | [v] | → vous | [vu] |
| | photo | [foto] | | | | |
| [s] | → son | [sɔ̃] | | [z] | → maison | [mɛzɔ̃] |
| | → ceci | [səsi] | | | gaz | [gaz] |
| | garçon | [gaʀsɔ̃] | | [ʒ] | → Jean | [ʒɑ̃] |
| [ʃ] | → chant | [ʃɑ̃] | | | manger | [mɑ̃ʒe] |
| [ɲ] | → ligne | [liɲ] | | | | |
| [l] | → le | [lə] | | | | |
| [ʀ] | → rire | [ʀiʀ] | | | | |

## 4  Les liaisons

Faire une liaison, c'est faire entendre la consonne finale d'un mot devant la voyelle ou l'**h** muet qui commence le mot suivant.

| | |
|---|---|
| Il est deux heures [ilɛdøzœʀ]. | Un grand arbre [œ̃gʀɑ̃taʀbʀ]. |
| Mes amis [mezami]. | Mon ami [mɔnami]. |
| Tout à l'heure [tutalœʀ]. | |

Les consonnes **z, s** et **x** se prononcent [z], les consonnes **t** et **d** se prononcent [t], le son **on** [ɔ̃] devient [ɔn].

En général, dans la langue parlée familière, on fait peu de liaisons. Cependant, il y a des liaisons obligatoires et quelques liaisons interdites.

### ● Les liaisons obligatoires

On fait obligatoirement la liaison :

### — entre un pronom personnel et un verbe :

| | |
|---|---|
| Ils entrent | [ilzɑ̃tʀ]. |
| Il vous aime | [ilvuzɛm]. |

**— entre un déterminant et un nom (ou un adjectif) :**

| | |
|---|---|
| Mes enfants | [mezãfã]. |
| Son ami | [sɔnami]. |
| Il a dix ans | [iladizã]. |

**— entre l'adjectif et le nom quand l'adjectif est placé avant :**

| | |
|---|---|
| De larges avenues | [dalaʀʒəzavny]. |
| Un grand homme | [œ̃gʀãtɔm]. |

**— après le verbe être :**

| | |
|---|---|
| C'est une maison | [sɛtynmɛzɔ̃]. |
| Ils sont arrivés | [ilsɔ̃taʀive]. |

**— entre l'adverbe et l'adjectif complété :**

| | |
|---|---|
| C'est **très important** | [sɛtʀɛzɛ̃pɔʀtã]. |

**— entre une préposition et le mot suivant :**

| | |
|---|---|
| Elle est **chez elle** | [ɛlɛʃezɛl]. |

**— avec la conjonction quand :**

| | |
|---|---|
| Quand il arrivera... | [kãtilaʀivʀa...]. |

**— dans les noms composés :**

| | |
|---|---|
| Les États-Unis | [lezetazyni]. |

**— dans quelques expressions très courantes :**

| | |
|---|---|
| — Comment allez-vous ? | [kɔmãtalevu]. |
| — Tout à l'heure | [tutalœʀ]. |
| — Tout à fait | [tutafe]. |

● **Les liaisons interdites**

On ne fait pas la liaison :

**— entre le nom sujet et le verbe :**

Les élèves / entrent en classe [lezelɛv / ãtʀ].

Les notions et termes grammaticaux utilisés dans cet ouvrage sont regroupés p. 92 dans l'index. Pour chaque terme est indiqué le chapitre ou le paragraphe qui apporte une explication.

— **quand la consonne finale est précédée d'un r prononcé** (comme dans les adjectifs : cou**rt**, fo**rt**, lou**rd**, ve**rt**, sou**rd**...) :

Un court / instant [œ̃kuʀ / ɛ̃stɑ̃].

— **avec la conjonction** et :

Ce jardin est grand / et / agréable [səʒaʀdɛ̃ɛgʀɑ̃ / e / agʀeabl].

## 5  L'élision du e muet [ə]

● **e placé à la fin d'un mot**

En règle générale, le e n'est pas prononcé quand il est placé à la fin d'un mot :

Madame        [madam].        Une chose rare [ynʃozʀaʀ].

Cependant, il est toujours prononcé quand la syllabe finale est accentuée :

Prends-**le**  [pʀɑ̃lə].        Parce **que**  [paʀskə].
Est-ce **que** [ɛskə].

● **e placé à l'intérieur d'un mot**

Il n'est pas prononcé quand il est placé après une seule consonne prononcée :

Maint**e**nant  [mɛ̃tnɑ̃].        Mad**e**moiselle [madmwazɛl].
Seul**e**ment   [sœlmɑ̃].

Il est toujours prononcé quand il est placé après deux consonnes prononcées :

Aut**re**fois         [otʀəfwa].
Un appar**te**ment    [œ̃napaʀtəmɑ̃].
Le gouver**ne**ment   [ləguvɛʀnəmɑ̃].
Que**lqu**e chose     (kɛlkəʃoz).

● **plusieurs e placés dans une phrase.**

Dans une phrase où plusieurs /e/ se succèdent, on les prononce alternativement (un sur deux), et le premier est souvent prononcé :

Je ne veux pas  [ʒənvøpɑ].    Je ne le vois pas [ʒənləvwapɑ].
Je le vois      [ʒəlvwa].

# CHAPITRE II

# La phrase

**6**    **Dans la langue orale,** la phrase est prononcée avec une certaine **intonation.** Elle est séparée de la phrase précédente et de la phrase suivante par un arrêt ou **pause.**

**Dans la langue écrite,** le premier mot de la phrase commence par une lettre majuscule, et le dernier mot est suivi d'un point (.), d'un point d'exclamation (!) ou d'un point d'interrogation (?).

**7**    **Les différents types de phrase.**

● Une phrase peut exprimer (ou énoncer) un fait ou une idée : c'est une phrase **énonciative.** Elle peut être **à la forme affirmative ou négative** :

J'aime le chocolat (forme affirmative).
Je n'aime pas le chocolat (forme négative).

● La phrase peut exprimer une interrogation. C'est une phrase **interrogative** :

Est-ce que tu aimes le chocolat ?

● Elle peut aussi exprimer **un ordre,** soit affirmatif, soit négatif :

— Va acheter du chocolat ! (ordre affirmatif)
— Ne mange pas de chocolat ! (ordre négatif)

● Enfin, la phrase peut exprimer une exclamation : c'est une phrase **exclamative** :

Comme c'est bon, le chocolat !

# CHAPITRE III

# Les principales fonctions dans la phrase

**8    La fonction sujet du verbe**

Dans les phrases :
**Je** marche. **Nous** marchons.
**Le chat** dort. **Les chats** dorment.
Où est **ma cravate** ? Où sont **mes chaussures** ?

**je, nous** occupent la fonction **sujet du verbe marcher;**
**le chat, les chats** occupent la fonction **sujet du verbe dormir;**
**ma caravate, mes chaussures** occupent la fonction **sujet du verbe être.**
Le verbe s'accorde **en personne** ($1^{re}$, $2^e$ ou $3^e$) et **en nombre (singulier** ou **pluriel)** avec son sujet.

**9    La fonction complément d'objet premier du verbe**

Dans les phrases :

| Le mécanicien | a réparé | **la voiture.** |
| J' | ai pensé | **à vous.** |
| Il | s'est aperçu | **de son erreur.** |
| ↑ | ↑ | |
| sujet | verbe | |

**la voiture** est **complément d'objet premier du verbe** réparer;
**à vous** est **complément d'objet premier du verbe** penser;
**de son erreur** est **complément d'objet premier du verbe** s'apercevoir.
Les compléments : **à vous** et **de son erreur** sont reliés au verbe de la phrase par **à** et **de.** Ce sont des compléments d'objet premier de **construction indirecte.**

Le complément **la voiture** est un complément d'objet premier de **construction directe**.

La construction des compléments d'objet premier dépend des verbes qu'ils complètent (voir chapitres VIII et XIII).

Dans la suite de l'ouvrage, on utilisera l'abréviation : **C. O. P.**

**10** **La fonction complément d'objet second du verbe**

Dans la phrase :

| Il | a envoyé | une carte postale | **à ses amis.** |
|----|----------|-------------------|-----------------|
| ↑ | ↑ | ↑ | |
| sujet | verbe | C. O. P. | |

**à ses amis** est le deuxième complément d'objet du verbe. On l'appelle **complément d'objet second** (abréviation : **C. O. S.**). Les compléments d'objet second sont construits avec **à.**

**11** **La fonction attribut du sujet**

Dans les phrases :

| Mon frère | est | **médecin.** |
|-----------|-----|--------------|
| Votre ami | est | **sympathique.** |
| ↑ | ↑ | |
| sujet | verbe | |

le nom **médecin** s'applique à la même personne que le sujet : mon frère;

l'adjectif **sympathique** s'applique à la même personne que le sujet : votre ami.

Ces mots occupent la fonction **attribut du sujet.** Ils sont reliés au sujet par le verbe **être.** D'autres verbes peuvent jouer le même rôle : paraître, sembler, devenir :

Ce chien semble **malade.**
Il devient **vieux.**

**Autres fonctions**

● Les compléments du nom et de l'adjectif, voir chapitre X.
● Les compléments circonstanciels du verbe, voir les chapitres XVI à XXII.

# CHAPITRE IV

# Les déterminants

**12**  Parfois, le nom est employé seul :

J'habite **avenue** de la gare.

Aux armes, **citoyens**!

**Monsieur Durand** est **commerçant.**

Mais le plus souvent, il est précédé d'un déterminant qui indique le genre et le nombre du nom et apporte sur lui certaines précisions de sens. On peut classer ces déterminants en deux groupes :

**1ᵉʳ groupe :**

Ceux qui doivent être employés seuls devant un nom (§ 13, 14, 15, 16, 17).

**2ᵉ groupe :**

Ceux qui peuvent être employés devant un nom avec un autre déterminant du 1ᵉʳ groupe (§ 18 et 19).

**Les déterminants employés seuls devant un nom**

**13**  **Les déterminants articles**

| Masc. Sing. | Fém. Sing. | Pluriel |
|:---:|:---:|:---:|
| **le, l'** | **la, l'** | **les** |
| **un** | **une** | **des** |
| **du** | **de la (l')** | **des** |
| **au** | **à la (l')** | **aux** |

| **Masc. sing.** | **Fém. sing.** |
|---|---|
| C'est **un** cinéma. | C'est **une** rue. |
| **Le** cinéma du quartier. | La rue **de la** gare. |
| Je vais **au** cinéma. | Je vais **à la** gare. |
| Je sors **du** cinéma. | Je viens **de la** gare. |

REMARQUE : Devant un nom (ou un adjectif) masculin ou féminin commençant par une voyelle ou un **h** muet, **le** et **la** deviennent **l'** :

C'est **l'**entrée de **l'**hôpital.

## Cas des déterminants articles : du, de la, des

Lorsque les noms qu'ils précèdent désignent des quantités que l'on ne peut pas compter, ils sont remplacés par la **préposition de** avec un verbe à la forme négative :

Je bois
$\begin{cases} \textbf{de l'}\text{eau.} \\ \textbf{de la}\text{ bière.} \\ \textbf{du}\text{ vin.} \end{cases}$
Je ne bois pas
$\begin{cases} \textbf{d'}\text{eau.} \\ \textbf{de}\text{ bière.} \\ \textbf{de}\text{ vin.} \end{cases}$

Cette règle ne s'applique pas avec **ce n'est pas** :

Ce n'est pas **du** sucre; c'est **du** sel.

## 14   Les déterminants démonstratifs

| Masc. Sing. | Fém. Sing. | Pluriel |
|---|---|---|
| ce<br>cet | cette | ces |

Regardez
$\begin{cases} \textbf{ce}\text{ tableau.} \\ \textbf{cette}\text{ image.} \\ \textbf{ces}\text{ couleurs.} \end{cases}$

Devant un nom (ou un adjectif) masculin commençant par une voyelle ou un **h** muet, **ce** devient **cet** [sɛt] :

Regardez
$\begin{cases} \textbf{cet}\text{ arbre [sɛtarbr].} \\ \textbf{cet}\text{ homme [sɛtɔm].} \end{cases}$

Souvent, le déterminant démonstratif est renforcé par la particule **-ci** ou **-là** :

Je voudrais { ce livre-**ci**.
            { ce livre-**là**.

Dans la langue courante, la distinction entre **-ci** et **-là** disparaît, et on emploie de préférence **-là.**

## 15   Les déterminants possessifs

Ils s'accordent en genre et en nombre avec le nom qu'ils accompagnent, et en personne avec cette ou ces personnes (ou objets).

| | Personne | Nom au Singulier | | Nom au Pluriel (Masc. ou Fém.) |
| | | Masculin | Féminin | |
|---|---|---|---|---|
| Le nom désigne une seule personne (ou un seul objet) | 1$^{re}$<br>2$^e$<br>3$^e$ | **mon**<br>**ton**<br>**son** | **ma**<br>**ta**<br>**sa** | **mes**<br>**tes**<br>**ses** |
| Le nom désigne plusieurs personnes (ou plusieurs objets) | 1$^{re}$<br>2$^e$<br>3$^e$ | **notre**<br>**votre**<br>**leur** | | **nos**<br>**vos**<br>**leurs** |

REMARQUE : Devant un nom au féminin commençant par une voyelle ou ou un **h** muet, on emploie **mon, ton, son,** au lieu de **ma, ta, sa :**

C'est son‿habitude.
C'est ton‿affaire.

## 16   Les déterminants interrogatifs ou exclamatifs

| | Masculin | Féminin |
|---|---|---|
| Singulier | **quel** | **quelle** |
| Pluriel | **quels** | **quelles** |

Le déterminant **quel** précède le nom sur lequel porte l'interrogation ou l'exclamation. Il s'accorde en genre et en nombre avec ce nom :

Quelle heure est-il?                    Quelle vue magnifique !
Vous habitez quel quartier?             Quel beau jardin vous avez !
(Voir chapitre XII : l'interrogation.)


**17**  **Déterminants de quantité non numérique.**

On appelle quantité non numérique une quantité qui n'est
pas désignée par un nombre.
Ces déterminants sont : **aucun** (fém. : **aucune**), **pas un**
(fém. **pas une**), **plusieurs, certains** (fém. : **certaines**),
**chaque, n'importe quel** (fém. : **n'importe quelle**), **assez
de, beaucoup de, peu de, trop de.** Ils sont toujours employés seuls devant un nom (voir § 19 les exceptions):

Il n'y a **aucun** bateau à l'horizon
(= Il n'y a **pas un** bateau à l'horizon).
Il a vécu **plusieurs** années à Paris
(on n'indique pas le nombre exact d'années).
**Certaines** personnes ne sont pas de votre avis
(on n'indique pas le nombre ou l'identité de ces personnes).
**Chaque** fleur a son parfum (= **toutes** les fleurs).
Il va voir **n'importe quel** film
(= il ne choisit pas les films qu'il va voir).

Les mots **nul** (féminin : **nulle**) et **certain** au singulier (féminin : **certaine**) sont employés comme déterminants seulement dans la langue littéraire.


**Les déterminants qui peuvent se combiner devant un
nom avec un déterminant du 1ᵉʳ groupe.**

**18**  **Déterminants de quantité numérique**

On appelle quantité numérique une quantité qui est désignée
**par un nombre.** Ces déterminants indiquent :
— **un nombre :** zéro, un, deux, dix, vingt, cent, mille...
— ou **un rang :** premier, deuxième, dixième...
Quand ils indiquent un nombre, ils sont invariables. Quand
ils indiquent un rang, ils s'accordent en genre et en nombre

avec le substantif qu'ils déterminent.

Les déterminants qui indiquent un nombre peuvent être employés seuls devant un nom :

Cet enfant a **neuf** ans.

Ils peuvent aussi se combiner avec un déterminant article, démonstratif ou possessif :

Il a dépensé **les cinquante** francs qu'il avait.
Je connais bien **ces trois** personnes que vous voyez là-bas.
J'ai perdu **mes deux** stylos.

Voici les principaux déterminants de quantité numérique :
Zéro, un (une), deux, trois, quatre, cinq, six, sept, huit, neuf, dix, onze, douze, treize, quatorze, quinze, seize, dix-sept, dix-huit, dix-neuf, vingt, vingt et un, vingt-deux, vingt-trois... trente, quarante, cinquante, soixante, soixante-dix, soixante et onze, soixante-douze, ... quatre-vingts, quatre-vingt-un, ... quatre-vingt-dix, quatre-vingt-onze... cent, cent un, cent deux, deux cents, deux cent un... trois cents, trois cent un... mille, mille un... deux mille... un million, deux millions... un milliard, deux milliards...'

**Remarques :**
1) dans quatre-vingt**s**, vingt s'écrit avec **s** (mais quatre-vingt-un, quatre-vingt-deux, etc...);
2) cent s'écrit avec **s** dans deux cent**s**, trois cent**s**, etc... (mais trois cent un, trois cent deux, etc...).
Pour former les déterminants numériques qui indiquent un rang, on ajoute le suffixe **-ième** au déterminant qui indique le nombre correspondant : troisième, dixième, quarante-cinquième, centième...
Cependant, au nombre **un**, correspond le déterminant **premier**, et au nombre **deux**, correspondent les déterminants **deuxième** ou **second**.

## 19 Emploi des déterminants de quantité non numérique

Nous avons vu que les déterminants de quantité non numérique : **aucun, pas un, plusieurs, certains, chaque, n'importe quel,** ne sont pas employés avec les autres espèces de déterminants.

Mais d'autres déterminants de quantité non numérique peuvent être employés seuls devant un substantif ou se combiner avec des déterminants du 1$^{er}$ groupe. Dans le second cas, ils prennent un autre sens :

- **Quelques**

Employé seul :

J'ai **quelques** achats à faire.

Comme **plusieurs, quelques** signifie : **un petit nombre de.**
Mais on emploie **quelques** pour dire qu'il s'agit seulement
d'un petit nombre, et **plusieurs** pour dire qu'il ne s'agit
pas seulement d'une seule personne ou d'un seul objet.
Combiné avec un déterminant du 1$^{er}$ groupe :

Il a lu **les quelques** livres qui traitent de cette question.

Dans ce cas, **les quelques** signifie en réalité **tous les.** Mais
on veut dire qu'il s'agit d'un petit nombre de livres.
Au singulier, **quelque** signifie **un** ou **une,** et s'emploie surtout dans la langue littéraire.

- **Divers — différents**

Employés seuls :

J'ai $\left\{ \begin{array}{l} \textbf{divers} \text{ achats à faire} \\ \textbf{différents} \text{ achats à faire.} \end{array} \right.$

**divers** et **différents** ont le même sens que : **plusieurs.**
Employés avec un déterminant du 1$^{er}$ groupe :

Il a lu $\left\{ \begin{array}{l} \textbf{les divers} \text{ livres qui traitent de cette question.} \\ \textbf{les différents} \text{ livres qui traitent de cette question.} \end{array} \right.$

**les divers** et **les différents** ont le même sens que : **tous les.**
Quand **divers** et **différents** sont placés après le nom, ils
entrent dans la catégorie des adjectifs (voir chap. V).

- **Tout**

Employé seul :

**Tout** homme a droit au respect.

**tout** a ici le même sens que **chaque,** mais il est moins employé.
Employé avec un déterminant du 1$^{er}$ groupe :

Il connaît **tout le monde** dans son quartier (masc. sing.).
J'ai travaillé **toute la journée** (fém. sing.).
Il a perdu **tous ses amis** (masc. plur.).

**tout** indique un ensemble ou une totalité.

# CHAPITRE V

# Les adjectifs

## 20 Accord des adjectifs

Les adjectifs prennent le genre et le nombre des substantifs qu'ils accompagnent :

Un **bon** gâteau  — De **bons** gâteaux.
Une **bonne** idée — De **bonnes** idées.

Quand l'adjectif accompagne deux ou plusieurs noms de même genre, il prend le genre de ces noms et se met au pluriel :

Un fromage et un vin **excellents.**
Une chemise et une cravate **bleues.**

Quand il accompagne deux ou plusieurs noms de genres différents, il se met au masculin pluriel :

Une veste et un pantalon **bleus.**

Certains adjectifs de couleur restent invariables :

Une robe **marron.**
Des gants **jaune paille.**
Une mer **bleu foncé.**

## 21 Place des adjectifs

Dans la langue française, il n'y a pas de règles qui fixent la place des adjectifs. On peut seulement constater quelques faits d'usage :

● Dans une phrase où l'adjectif est attribut du sujet, l'ordre des mots est généralement le suivant :

Cet homme  → est  → heureux.
nom sujet       verbe    adjectif

On trouve parfois l'ordre inverse dans la langue littéraire.

**Rares sont les hommes** qui connaissent le bonheur.

● Quand l'adjectif n'est pas relié au nom par un verbe attributif, on préfère le placer après le nom :

Un appartement **clair,** un garçon **gai.**

L'ordre inverse, peu fréquent, se trouve parfois dans la langue littéraire.

● Dans la langue courante, tous les adjectifs de couleur se placent après le nom :

Une robe **bleue,** un manteau **rouge.**

● Certains adjectifs, très courants, sont généralement placés avant le nom :

C'est le cas de : **autre, beau, bon, dernier** (sauf : la semaine **dernière), gros, jeune, joli, long, mauvais, petit, premier, vieux :**

Tu as une ⎧ autre ⎫ robe.
⎨ belle ⎬
⎩ jolie ⎭
  nouvelle

● Les participes passés des verbes, employés comme adjectifs se placent après le nom :

Un homme **fatigué.**

● Lorsque deux adjectifs accompagnent un nom, toutes les possibilités peuvent se présenter :

Un **joli petit** village.
Une **vieille** maison **blanche.**
Une voiture **puissante** et **confortable.**

Cependant, les remarques précédentes restent valables dans ce cas.

● Certains adjectifs changent de sens selon qu'ils sont placés avant ou après le nom.

En voici quelques-uns :

**brave :**   Un brave garçon (qui n'est pas méchant).
              Un garçon brave (courageux).

**grand :**   Un grand homme (supérieur).
              Un homme grand (de haute taille).

**maigre :**   Un maigre repas (peu abondant).
              Un homme maigre (qui n'est pas gros).

**pauvre :**   Un pauvre homme (malheureux).
              Un homme pauvre (qui n'est pas riche).

**même :**   Il habite dans la **même** rue que moi (exprime l'identité).
              En partant de bonne heure, vous arriverez le jour **même** (indique que le jour du départ est aussi celui de l'arrivée).

**simple :**   Un problème **simple** (qui n'est pas difficile).
              Vous pouvez faire ce travail avec un **simple** marteau (avec seulement un marteau).

# CHAPITRE VI

# Le féminin des adjectifs et des noms

### Le féminin des adjectifs

**22** Règle générale : Au féminin singulier, tous les .adjectifs s'écrivent avec **-e** final (exception : § 23):

1. Un **jeune** homme, une **jeune** fille.
2. Un tableau **noir,** une robe **noire.**
3. Un homme **heureux,** une femme **heureuse.**
4. Un **bon** vin, une **bonne** cuisine.

etc...

Mais ces exemples montrent que le féminin des adjectifs se forme de manières différentes selon la terminaison du masculin. On peut distinguer 3 groupes :

● Les adjectifs qui gardent la même orthographe et la même prononciation au masculin et au féminin (voir exemple 1).

● Les adjectifs qui changent d'orthographe, mais gardent la même prononciation (voir exemple 2).

● Les adjectifs qui changent d'orthographe et de prononciation au masculin et au féminin (voir exemples 3 et 4).

**23** — **Les adjectifs qui gardent la même orthographe et la même prononciation au masculin et au féminin.**

● Ce sont les adjectifs qui se terminent au masculin par **-e** :

agréable, difficile, jeune, pauvre, rouge, tranquille, etc...

● Quelques adjectifs comme :

chic, marron, vainqueur.

**24** **Les adjectifs qui changent d'orthographe au féminin, mais gardent la même prononciation qu'au masculin.**

Ce sont les adjectifs terminés au masculin par une voyelle ou une consonne que l'on entend à la prononciation.

● Certains adjectifs prennent seulement un **-e** au féminin.

Certains adjectifs prennent seulement un **-e** au féminin :

| Masculin | | Féminin | Adjectifs |
|---|---|---|---|
| **égal** | [egal] | **égale** | **amical, banal, légal, etc...** |
| **noir** | [nwar] | **noire** | **clair, dur, futur, mûr, pur, sûr, etc...** |
| **cher** | [ʃɛr] | **chère** | **amer, fier, etc...** |
| **meilleur** | [mejœr] | **meilleure** | **extérieur, inférieur, intérieur, supérieur, etc...** |
| **fatigué** | [fatige] | **fatiguée** | **tous les participes** |
| **fini** | [fini] | **finie** | **passés en -é et -i.** |

D'autres prennent un **-e** et **doublent la consonne finale du masculin :**

| Masculin | | Féminin | Adjectifs |
|---|---|---|---|
| **naturel** | [natyrɛl] | **naturelle** | |
| **pareil** | [parɛj] | **pareille** | **annuel, mensuel, mortel, etc...** |
| **net** | [nɛt] | **nette** | |
| **nul** | [nyl] | **nulle** | |

Cas particuliers :
Quelques adjectifs terminés au masculin par **-c** [к].
grec [grɛк]    → grecque.
turc [tyrк]    → turque.
public [pybliк]    → publique.

**25** **Les adjectifs qui changent d'orthographe et de prononciation au masculin et au féminin.**

● Pour certains adjectifs, le **-e** du féminin fait entendre la consonne finale qui n'est pas prononcée au masculin :

| Masculin | Féminin | Adjectifs |
|---|---|---|
| **gris** [gri] | **grise** [griz] | **anglais, chinois, français, mauvais, précis,** etc... |
| **petit** [pəti] | **petite** [pətit] | **content, fort, idiot, puissant,** etc... |
| **chaud** [ʃo] | **chaude** [ʃod] | **blond, gourmand, grand, laid, lourd, profond, rond,** etc... |
| **complet** [kɔ̃plɛ] | **complète** [kɔ̃plɛt] | **inquiet, secret,** etc... |
| **dernier** [dɛrnie] | **dernière** [dɛrniɛr] | **entier, étranger, familier, grossier, léger, régulier,** etc... |
| **prochain** [proʃɛ̃] | **prochaine** [proʃɛn] | **américain, certain, humain, sain,** (aussi : **plein → pleine**) |

| | | |
|---|---|---|
| **fin** [fɛ̃] | **fine** [fin] | **féminin,** **marin,** **masculin,** **voisin,** etc... |
| **brun** [brœ̃] | **brune** [bryn] | **commun,** etc... |

● D'autres adjectifs doublent la consonne finale avec le **-e** du féminin :

| Masculin | Féminin | Adjectifs |
|---|---|---|
| **muet** [myɛ] | **muette** [myɛt] | **coquet, violet** (et aussi : **sot → sotte**) |
| **ancien** [ɑ̃sɪɛ̃] | **ancienne** [ɑ̃sɪɛn] | **aérien, chrétien, parisien,** etc... |
| **bon** [bɔ̃] | **bonne** [bɔn] | |
| Autres adjectifs | | |
| **travailleur** [travajœr] | **travailleuse** [travajøz] | **batailleur, inventeur,** etc... |
| **beau** [bo] | **belle** [bɛl] | **nouveau** |
| **mou** [mu] | **molle** [mɔl] | **fou** |
| **neuf** [nœf] | **neuve** [nœv] | **actif, relatif, sportif, vif,** etc... |
| **blanc** [blɑ̃] | **blanche** [blɑ̃ʃ] | **franc** (et aussi : **frais → fraîche** **sec → sèche**) |
| **long** [lɔ̃] | **longue** [lɔ̃g] | |
| **gentil** [ʒɑ̃ti] | **gentille** [ʒɑ̃tij] | |
| **heureux** [ørø] | **heureuse** [ørøz] | **dangereux, sérieux,** etc... (exceptions : **vieux → vieille** **doux → douce** **faux → fausse** **roux → rousse**) |

## Le féminin des noms

La plupart des règles indiquées pour la formation du féminin des adjectifs peuvent s'appliquer aux noms quand ils admettent les deux genres. Il existe cependant quelques règles particulières pour former le féminin des substantifs.

**26** | **Le masculin et le féminin sont exprimés par des mots différents :**

|  | Masculin | Féminin |
|---|---|---|
| Personnes | monsieur<br>un homme<br>un garçon<br>un oncle<br>le père<br>le grand-père<br>un neveu<br>un roi | madame<br>une femme<br>une fille<br>une tante<br>la mère<br>la grand-mère<br>une nièce<br>une reine, etc... |
| Animaux | un coq<br>un canard<br>un taureau, un bœuf | une poule<br>une cane<br>une vache, etc... |

**27** **Noms terminés au masculin par -e.**

Comme les adjectifs, beaucoup de noms terminés au masculin par **-e** gardent la même forme au féminin :

**un** ou **une** adversaire, artiste, camarade, célibataire, concierge, dentiste, élève, interprète, journaliste, libraire, locataire, propriétaire, secrétaire, etc...

REMARQUE : On dit aussi : un ou une enfant.
Mais certains de ces noms suivent une règle différente, et forment leur féminin en **-esse**. Les plus courants sont :

|            | Masculin     | Féminin         |
|------------|--------------|-----------------|
| Personnes  | **le maître**    | **la maîtresse**    |
|            | **un comte**     | **une comtesse**    |
|            | **un duc**       | **une duchesse**    |
|            | **un prince**    | **une princesse**   |
| Animaux    | **un âne**       | **une ânesse**      |
|            | **un tigre**     | **une tigresse**    |

**28**  **Substantifs terminés au masculin par -teur** [tœʀ] :
● **Masculin : -teur** [tœʀ] → **féminin : -trice** [tʀis] comme :
auditeur, directeur, électeur, instituteur, lecteur, etc... :

M. Dupont est institu**teur**.
Mme Durand est institu**trice**.

REMARQUE : **ambassadeur** fait au féminin : **ambassadrice**.

● **Masculin : -teur** [tœʀ] → **féminin : -teuse** [tøz] comme :
chanteur, menteur, porteur, etc... :

C'est un **menteur**, c'est une **menteuse**.

# CHAPITRE VII

# Le pluriel des noms et des adjectifs

**29  Règle générale**

Dans l'écriture, on marque le pluriel des noms et des adjectifs par un — **s** final :

Un livre, des livres.

**30  Cas particuliers**

● **Terminaison au singulier : — s, — z ou — x.**

Les noms et les adjectifs qui s'écrivent au singulier avec — **s**, — **z** ou — **x** final gardent la même forme au pluriel :

Un gaz dangereux, des gaz dangereux.
Un bois précieux, des bois précieux.

● **Terminaison au singulier : — au** [o], **— eau** [o], **— eu** [ø].

Les noms et les adjectifs qui se terminent au singulier par — **au**, — **eau**, — **eu**, s'écrivent au pluriel avec — **x** final. La prononciation ne change pas, sauf en cas de liaison avec le mot suivant :

Un nouveau chapeau, des nouveaux chapeaux.
Un beau feu, des beaux feux.

**Exceptions : pneu** et **bleu** s'écrivent au pluriel avec — **s.**

● **Terminaison au singulier : — ou** [u].

Quelques substantifs qui se terminent au singulier par — **ou** s'écrivent au pluriel avec — **x** final, comme : un bijou, un caillou, un chou, un genou :

Un bijou, des bijoux.

Les autres substantifs et adjectifs qui se terminent par — **ou** au singulier, s'écrivent avec — **s** au pluriel :

Un trou, des trous.

● **Terminaison au singulier : — al** [al].
Les noms et les adjectifs qui se terminent au singulier par — **al**, s'écrivent au pluriel avec la terminaison — **aux** [o] :

Un journ**al** loc**al**, des journ**aux** loc**aux**.

**Exceptions :** quelques noms en — **al** comme :
un bal, un festival, un récital, et quelques adjectifs comme :
fatal, final, glacial, natal, prennent un — **s** au pluriel :

Un festiv**al**, des festiv**als** [al].
Un combat nav**al**, des combats nav**als**.

● **Terminaison au singulier : — ail** [aj].
Quelques noms comme : travail, vitrail, forment leur pluriel en — **aux** [o] :

Un trav**ail** pénible, des trav**aux** pénibles.

Les autres substantifs en — **ail** prennent un — **s** au pluriel :

Un chand**ail** [aj], des chand**ails** [aj].

● **Formes différentes au singulier et au pluriel :**

| | | | | |
|---|---|---|---|---|
| Monsieur | [møsjø] | → | Messieurs | [mesjø] |
| Madame | [madam] | → | Mesdames | [mɛdam] |
| Mademoiselle | [madmwazɛl] | → | Mesdemoiselles | [mɛdmwazɛl] |
| l'œil | [lœj] | → | les yeux | [lɛzjø] |

Prononciation différente :

Un œuf [œnœf] → des œufs [dezø].
Un bœuf [œbœf] → des bœufs [debø].

● Les noms composés de deux ou plusieurs mots forment leur pluriel de manières très diverses. Il est donc prudent de consulter le dictionnaire.

# CHAPITRE VIII

# Les pronoms personnels

La place du pronom personnel dépend du type de phrase et de la fonction qu'il occupe dans cette phrase. Il peut être placé **avant** ou **après le verbe.** Quand il est placé avant, on dit qu'il est **antéposé.** Quand il est placé après, on dit qu'il est **postposé.**

**Le pronom personnel est sujet du verbe** (§ 31, 32, 33).

**31  Dans une phrase énonciative.**

Il vient demain.
Nous parlons français.
J'écris une lettre.

Le pronom personnel est toujours **antéposé.**
On emploie les formes suivantes :

|  | 1<sup>re</sup> pers. | 2<sup>e</sup> pers. | 3<sup>e</sup> pers. |
|---|---|---|---|
| Singulier | **je (j')** | **tu** | **il, elle** |
| Pluriel | **nous** | **vous** | **ils, elles** |

● **Remarques :**

1) Quand on veut renforcer ces pronoms sujets, on emploie les formes :

| **moi** | **toi** | **lui, elle** |
|---|---|---|
| **nous** | **vous** | **eux, elles** |

**Moi** je ne sais pas nager, mais **vous,** vous savez.

2) Quand le pronom sujet est employé avec le présentatif **c'est,** on emploie les mêmes formes que pour 1):

C'est **lui** qui a gagné.             C'est **moi** qui ai perdu.

3) Dans une phrase où le verbe n'est pas répété, on exprime le pronom sujet avec les mêmes formes que pour 1):

Qui a fait cela ? — **Moi.**
Tu vas au cinéma ? — Oui. — **Nous** aussi.

4) Quand le verbe a deux ou plusieurs sujets coordonnés, on emploie les mêmes formes que pour 1) :

Mon frère et moi, **nous** irons au cinéma ce soir.

5) **Le pronom : on** est employé pour désigner une personne non identifiée :

On sonne à la porte.

Dans la langue parlée, **on** remplace souvent **nous :**

**On** arrivera ce soir = **Nous** arriverons ce soir.

## 32    Dans une phrase interrogative.

**Tu** viens demain ?
Est-ce que **je** peux venir demain ?

Dans une interrogation exprimée par **l'intonation** ou par **est-ce que,** le pronom personnel sujet est toujours **antéposé.**

Comment allez-**vous ?**             Où va-t-**il ?**

Dans une interrogation exprimée par **l'inversion** du sujet, le pronom personnel sujet est **postposé.**

## 33    Dans une phrase exprimant un ordre.

Le sujet du verbe n'est pas exprimé :

Viens ! Venez !

Si l'on veut insister sur le sujet, on emploie les formes **toi** ou **vous :**

**Toi,** viens ! **Vous,** venez !

**Le pronom personnel est complément d'objet premier du verbe** (§ 34, 35, 36).

**34**   Complément d'objet premier de construction directe.

● Tu **me** vois ? — Oui, je **te** vois.
Et Paul, est-ce qu'il **me** voit ? — Non, il ne **te** voit pas.
Je peux prendre cette chaise ? — Non, ne **la** prends pas !

**Dans des phrases énonciatives, interrogatives** et celles qui expriment **un ordre négatif,** le pronom personnel est toujours **antéposé.**

On emploie les formes :

|            | 1$^{re}$ pers. | 2$^e$ pers. | 3$^e$ pers. |
|------------|:----------:|:----------:|:------------:|
| Singulier  | **me (m')** | **te (t')** | **le, la (l')** |
| Pluriel    | **nous**    | **vous**    | **les**      |

● Regardez-**moi** !                Faites-**le** !

Dans les phrases exprimant **un ordre affirmatif,** le pronom personnel est toujours **postposé.**
On emploie les formes **moi, toi, le, la, nous, vous, les.**

● **Constructions particulières.**

Tu as une voiture ? — Oui, j'**en ai une.**

Quand le nom c. o. p. de construction directe est précédé d'un déterminant de quantité numérique, on le remplace par le pronom personnel **en antéposé,** en ajoutant **un** (ou **une,** (ou **deux, trois...**) après le verbe si la réponse est **affirmative.**

Tu as une voiture ? — Non, je n'**en** ai pas.

**Si la réponse est négative,** on emploie **en seul.**

Tu as de l'argent ? — Oui, j'**en** ai.
                        — Non, je n'**en** ai pas.

Quand le nom est précédé des déterminatifs articles **du, de la, de l', des,** on le remplace par le pronom **en** seul.

**35**  **Le complément d'objet premier construit avec** $\boxed{\text{à.}}$

Dans cette construction, l'emploi et la place des pronoms personnels dépendent :
— **des verbes :** certains verbes admettent un pronom antéposé, d'autres un pronom postposé.
— **de la nature du complément d'objet premier,** qui peut être soit **animé** (personne ou animal), soit **non animé** (objet).
On peut ainsi classer en **quatre groupes** les verbes qui admettent un complément d'objet premier construit avec **à.**

● **1<sup>er</sup> groupe :**

Je pense **aux vacances.** J'**y** pense.
Je pense **à mes parents.** Je pense **à eux.**

Ce sont les verbes qui admettent un complément non animé remplacé par le pronom **y antéposé** et un complément animé remplacé par **un pronom postposé construit avec à (à moi, à toi, à lui** (ou **elle), à nous, à vous, à eux** (ou **elles).**
Les verbes les plus courants de ce groupe sont : penser à, s'adapter à, s'attaquer à, faire attention à, s'habituer à, s'intéresser à, s'opposer à, renoncer à, songer à.

● **2<sup>e</sup> groupe :**

Il a échappé à un accident  → Il **y** a échappé.
Il a échappé à ses ennemis → Il **leur** a échappé.

Ce sont les verbes qui admettent un complément non animé remplacé par le pronom **y antéposé** et un complément animé remplacé par un pronom **antéposé (me, te, lui, nous, vous, leur).**
Les verbes les plus courants de ce groupe sont : ressembler à, échapper à, faire face à, obéir à, résister à.

● **3ᵉ groupe :**

Il a rendu visite à ses parents → Il **leur** a rendu visite.

Ce sont les verbes qui admettent seulement un complément animé remplacé par un pronom **antéposé** (mêmes formes que pour le 2ᵉ groupe : **me, te, lui, nous, vous, leur**).

Les verbes les plus courants de ce groupe sont : faire mal à, faire peur à, rendre service à, rendre visite à, succéder à.

● **4ᵉ groupe :**

Tu joues au football ? Non, je n'**y** joue pas.

Ce sont les verbes qui admettent seulement un complément non animé remplacé par le pronom **y antéposé**.

Les verbes les plus courants de ce groupe sont : arriver à (= réussir à), assister à, croire à, se décider à, jouer à, se mettre à, participer à, se préparer à, réfléchir à, travailler à, veiller à.

**36  Complément d'objet premier construit avec | de |**

Dans cette construction, on peut distinguer **deux groupes** de verbes :

● **1ᵉʳ groupe :**

Je joue du piano → J'**en** joue.

Ce sont les verbes qui admettent le remplacement de ce complément par le pronom **en** antéposé.

Les verbes les plus courants de ce groupe sont : s'apercevoir de, avoir assez de, se charger de, se contenter de, se débarrasser de, discuter de, douter de, se douter de, avoir envie de, avoir l'habitude de, jouer de, se moquer de, s'occuper de, se passer de, avoir peur de, se plaindre de, se priver de, profiter de, se rendre compte de, se servir de, se souvenir de.

REMARQUE : Ces verbes admettent également le remplacement de leurs compléments d'objet premier construits avec **que** par le pronom **en**.
J'ai envie **que tu viennes me voir**. → J'**en** ai envie.

## 2<sup>e</sup> groupe :

Il a promis de venir. Il **l'**a promis.

Ce sont les verbes qui admettent le remplacement de leur c. o. p. infinitif construit avec **de** par le pronom **le (ou l')** **antéposé.**

Les verbes les plus courants de ce groupe sont : accepter de, craindre de, décider de, défendre de (= interdire), demander de, exiger de, éviter de, interdire de, jurer de, mériter de, ordonner de, oublier de, permettre de, promettre de, proposer de, supposer de.

REMARQUES :

1 — Ces verbes admettent également le remplacement de leur c. o. p. construit avec **que** par le **pronom le.**
J'ai oublié que tu devais venir. Je l'ai oublié.

2 — Certains verbes n'admettent pas le remplacement d'un c. o. p. infinitif construit avec **de** par un pronom personnel. Dans ce cas on répète le verbe seul :
Tu as fini de travailler? Oui, j'ai fini.
Ce sont les verbes : s'arrêter de, cesser de, choisir de, commencer de, continuer de, se dépêcher de, faire semblant de, finir de, avoir raison de, tâcher de, avoir tort de.

## Le pronom personnel est complément d'objet second (§ 37, 38, 39).

**37**  J'ai offert un livre à mon ami. → Je **lui** ai offert un livre.

Dans les phrases **énonciatives, interrogatives** ou celles qui expriment un **ordre négatif,** le pronom personnel complément d'objet second est toujours **antéposé.**
On emploie les formes :

|           | 1<sup>re</sup> pers. | 2<sup>e</sup> pers. | 3<sup>e</sup> pers. |
|-----------|----------|----------|----------|
| Singulier | **me (m')** | **te (t')** | **lui** |
| Pluriel   | **nous** | **vous** | **leur** |

**38**   Donne-**moi** ce livre.

Dans les phrases exprimant un **ordre affirmatif,** on emploie les pronoms **postposés** (moi, toi, lui, nous, vous, leur).

Quand le pronom **moi** est suivi du pronom **en,** il devient **m'.**
— Donnez-moi du pain.
— Combien?
— Donnez-**m'en** un kilo.

**39**   **Place des pronoms personnels compléments d'objet premier et compléments d'objet second.**

— Tu me prêtes ce livre? — Oui, je **te** le prête.
                               — Non, je ne **te** le prête pas.
— Je t'ai dit que je partais en voyage? — Oui, tu **me** l'as dit.
                               — Non, tu ne **me** l'as pas dit.

Quand le pronom personnel C. O. S. est à la 1$^{re}$ ou 2$^{e}$ personne, il est placé **avant** le C. O. P.

Tu lui as dit de venir? — Oui, je le **lui** ai dit.

Quand le pronom personnel C. O. S. est à la 3$^{e}$ personne, il est placé **après** le C. O. P.

# CHAPITRE IX

# Les autres pronoms

## Les pronoms démonstratifs

**40**

|  | Formes variables | | Formes invariables |
|---|---|---|---|
|  | Masculin | Féminin | |
| Singulier | **celui**<br>**celui-ci**<br>**celui-là** | **celle**<br>**celle-ci**<br>**celle-là** | **ce**<br>**ceci**<br>**cela (ça)** |
| Pluriel | **ceux**<br>**ceux-ci**<br>**ceux-là** | **celles**<br>**celles-ci**<br>**celles-là** | |

**41** **Emploi de celui-ci, celui-là, ceux-ci, ceux-là, celle-ci, celle-là, celles-ci, celles-là.**

Ces formes servent à représenter des noms déjà employés ou que l'on veut définir de façon précise, comme en les montrant :

Quel livre veux-tu ? — Je veux **celui-là**.

Employés dans une même phrase, **celui-ci** et **celui-là** servent à représenter deux personnes ou deux objets que l'on veut distinguer ou opposer :

Quel livre veux-tu ? **Celui-ci** ou **celui-là** ?
— Je préfère **celui-ci** à **celui-là**.

Quand une seule forme est employée, on utilise généralement la forme **celui-là**.

**42    Emploi de celui, celle, ceux, celles.**

Ces formes ne s'emploient jamais seules. Elles doivent être accompagnées d'un complément.
Ce complément peut être :
● **Un nom** construit avec la préposition **de,** ou les déterminants **du, de la, des :**

— Tu as fermé la porte?
— Laquelle? — **Celle de la cuisine.**

● **Un infinitif ou un adverbe** construit avec la préposition **de :**

— La nouvelle était dans le journal.
— **Celui d'aujourd'hui?** — Non, **celui d'hier.**

● **Un verbe** introduit par un pronom relatif :

— On a coupé les arbres.
— Lesquels? — **Ceux qui** étaient au bord de la route.


**43    Emploi de cela (ça).**

On peut employer **cela** (**ça** dans la langue parlée familière) à la place des pronoms personnels invariables **le, en, y.**

Je l'ai fait, ou : j'ai fait **cela (ça).**
J'en ai envie, ou : j'ai envie de **cela.**
J'y pense, ou : je pense à **cela.**

REMARQUE : **En** et **y** ne peuvent pas être employés avec le présentatif **c'est.** Dans ce cas, on emploie **cela.**
J'**en** ai envie — c'est de **cela** que j'ai envie.
J'**y** pense — c'est à **cela** que je pense.


**44    Emploi de ce.**

Avec le verbe être, **ce** est employé comme présentatif.
**Ce** est presque toujours suivi d'un pronom relatif invariable précédé ou non d'une préposition.

Tout **ce qui** est nouveau l'intéresse.
Je comprends **ce que** vous voulez dire.

REMARQUE : Le pronom invariable **le** ne peut pas être employé avec un présentatif. Il est alors remplacé par **ce que :**
Il a dit qu'il viendrait? { — Oui, il **l'**a dit.
{ — Oui, **c'est ce qu'**il a dit.

## Les pronoms possessifs

**45**  Les noms précédés d'un déterminant possessif peuvent être représentés par un pronom possessif.
Les pronoms possessifs suivent les mêmes règles d'accord que les déterminants possessifs :

C'est **ton stylo?** — Oui, c'est **le mien.**
Ce sont **tes chaussures?** — Oui, ce sont **les miennes.**

| | | Substantif au sing. | | Substantif au pluriel | |
|---|---|---|---|---|---|
| | | Masculin | Féminin | Masculin | Féminin |
| Rapport avec une seule personne | 1<sup>re</sup> pers. | le mien | la mienne | les miens | les miennes |
| | 2<sup>e</sup> pers. | le tien | la tienne | les tiens | les tiennes |
| | 3<sup>e</sup> pers. | le sien | la sienne | les siens | les siennes |
| Rapport avec plusieurs personnes | 1<sup>re</sup> pers. | le nôtre | la nôtre | les nôtres | |
| | 2<sup>e</sup> pers. | le vôtre | la vôtre | les vôtres | |
| | 3<sup>e</sup> pers. | le leur | la leur | les leurs | |

## Les pronoms de quantité non numérique

**46**  **Les pronoms de quantité nulle.**

● **Aucun (aucune), nul, pas un (pas une).**

— Ces pronoms sont employés seulement quand ils sont **sujets du verbe :**

J'ai vu plusieurs films cette semaine. **Aucun** (pas un) ne m'a plu.

● **Nul** appartient à la langue littéraire ou administrative.
— Lorsqu'ils sont C. O. P. de construction directe, ils sont employés avec **en** :

— Vous connaissez ces personnes? — Non, je n'**en** connais **aucune.**

— Lorsqu'ils sont compléments construits avec une préposition, ils sont employés avec : **d'eux, d'elles** (ou **d'entre eux, d'entre elles**) :

— Vous avez parlé à vos amis?

— Non, je n'ai parlé à aucun { d'eux { d'entre eux.

● **Personne** s'emploie pour les êtres humains :

— Vous avez vu **quelqu'un?** — Non, je n'ai vu **personne.**

● **Rien** s'emploie pour les choses :

Vous avez perdu **quelque chose?** Non, je n'ai **rien** perdu.

Pour la construction de **personne** et **rien** : voir chapitre XIII.

**47   Les pronoms de singularité.**

● **Quelqu'un** : Dans une phrase affirmative, ce pronom représente une seule personne non identifiée :

**Quelqu'un** a téléphoné en ton absence. Il n'a pas dit son nom.

Dans une phrase négative, on emploie **personne** (voir § 46).

● **Quelque chose** : Dans une phrase affirmative, ce pronom représente une chose non identifiée :

Il y a **quelque chose** qui ne va pas dans cette voiture.

— Dans une phrase négative, on emploie **rien** (voir § 46).

● **Un (l'un) une (l'une)** : représente un être animé ou un objet non animé, et s'oppose souvent à **un autre** (ou **l'autre**) :

Ils sont assis à côté de moi; **un (l'un)** à droite, **l'autre** à gauche.

**48   Les pronoms de pluralité**

● **Certains (certaines), plusieurs, quelques-uns (quelques-unes).**

Il y avait du monde : **certains** n'ont pas trouvé de place.

● **Les uns (les unes),** s'oppose à : **les autres.**

Tout le monde fumait, **les uns** la cigarette, **les autres** la pipe.

**49** **Le pronom de totalité : tout.**

● **Tout** est employé comme pronom invariable :

— Quelque chose ne va pas? — Non, **tout** va bien.

Quand **tout** est employé seul comme C. O. P. **de construction directe d'un verbe à l'infinitif,** il est antéposé :

Qu'est-ce que vous voulez voir? Je veux **tout** voir.

Avec un verbe à une forme composée, **tout** employé seul se place entre l'auxiliaire et le participe passé :
J'ai **tout** mangé.

Quand **tout** n'est pas employé seul, il est postposé :
J'ai mangé **tout ce qu'il y avait** sur la table.

● **Tous** [Tus], **toutes** [tut].

— **Sujet du verbe :**

S'il est employé seul, on peut le placer avant le verbe :
J'avais invité beaucoup d'amis. **Tous** sont venus.

Dans ce cas, on dit de préférence : Ils sont **tous** venus.

Mais s'il n'est pas employé seul, il reste placé avant le verbe :
J'avais invité beaucoup d'amis.

**Tous ceux qui étaient libres** sont venus.

— **Complément d'objet premier de construction directe :**

— employé seul, il est toujours employé avec un des pronoms personnels **nous, vous, les** :

avec une forme verbale simple :

Il **nous** invite **tous.**          Je **les** invite **tous.**
Je **vous** invite **tous.**

avec une forme verbale composée :

Il **nous** a **tous** invités.          Je **les** ai **toutes** invitées.
Je **vous** ai **tous** invités.

— employé avec un complément :

J'invite **tous ceux qui peuvent venir.**

— **Pour les autres fonctions,** on peut employer **tous (toutes)** avec n'importe quelle préposition :

Il était seul contre **tous.**

**50    Les pronoms de distribution :**

● **Chacun (chacune).**

Ce pronom peut remplacer n'importe quel nom et en remplir toutes les fonctions.

Il y a deux gâteaux pour **chacun.**
**Chacun** des enfants a reçu un cadeau.
**Chacun** a eu sa part.
Nous avons eu **chacun** notre part.

**Les pronoms relatifs**

**51**    Je connais l'homme. L'homme est assis sur ce banc.
Je connais l'homme **qui est assis sur ce banc.**

On dit que **l'homme** est **l'antécédent** du pronom relatif **qui.**

| Formes simples | Formes composées | | |
|---|---|---|---|
| **qui - que - quoi - dont - où** | Sing. Masc. Sing. Fém. | **lequel laquelle** | **auquel à laquelle** | **duquel de laquelle** |
| | Plur. Masc. Plur. Fém. | **lesquels lesquelles** | **auxquels auxquelles** | **desquels desquelles** |

Les pronoms relatifs prennent la personne, le genre et le nombre du nom ou du pronom qu'ils remplacent :

C'est **moi qui ai gagné.**        C'est **vous qui avez gagné.**
C'est **toi qui as gagné.**

**52** L'emploi des pronoms relatifs varie selon la **fonction** qu'ils remplissent, et la **nature** de l'antécédent (animé, non animé, pronoms invariables : ce, cela, quelque chose, rien):

| | Antécédent animé | Antécédent non animé | Antécédent : cela ce - quelque chose rien |
|---|---|---|---|
| Sujet | **qui** | | |
| Attribut | **que** | | |
| C. O. P. de construction directe | **que** | | |
| Complément construit avec la prépos. **de** | **dont** | | |
| Complément construit avec la prépos. **à** | **à qui auquel** | **auquel à laquelle** | **à quoi** |
| Complément circonstanciel de lieu | **chez** { **qui lequel** | **où** | |
| Autres compléments circonstanciels construits avec prépositions autres que **à** et **de** | prép. + { **qui lequel** | prép. + **lequel** | prép. + **quoi** |
| C.C. construit avec: **à cause de, à côté de, à droite de, à gauche de, au bout de, loin de, au-dessus de, au-dessous de, en dehors de, en face de, près de** | **à cause** { **de qui duquel** | **à cause duquel** | **à cause de quoi** |
| **en vue de** | | **en vue duquel** | **en vue de quoi** |
| **grâce à** | **grâce** { **à qui auquel** | **grâce auquel** | **grâce à quoi** |

## Les pronoms interrogatifs :

**53** Dans une phrase interrogative, un nom animé peut être remplacé par le pronom invariable **qui** et un nom non animé, par les pronoms invariables **que** ou **quoi :**

**Qui** a sonné ?
**Que** voulez-vous ?
**De quoi** vit-il ?

| | Animé | Non animé |
|---|---|---|
| Sujet | Qui a sonné ? | Qu'est-ce qui ne va pas ? |
| Attribut | Qui êtes-vous ? | Qu'est-ce que c'est ? |
| C.O.P. de construction directe | Qui voulez-vous voir ? | Que voulez-vous faire ? |
| Autres compléments | A qui voulez-vous parler ? Avec qui es-tu allé au cinéma ? | A quoi voulez-vous jouer ? De quoi parlez-vous ? |

**54** Les formes variables des pronoms relatifs peuvent être employées comme pronoms interrogatifs (voir chapitre XI):

J'ai acheté ces cravates. **Laquelle (lesquelles)** préfères-tu ?
**Laquelle** de ces cravates préfères-tu ?
De ces cravates, **laquelle** préfères-tu ?

# CHAPITRE X

# Les compléments du nom et de l'adjectif

## 55 Les compléments du nom

Un nom peut être complété par :

● **un adjectif qualificatif** :

Il a acheté une **belle** voiture.

● **un autre nom précédé d'une préposition** :

— Préposition **à** :

Une promenade **à pied** (à cheval, à bicyclette),
la pêche **à la truite,** un sac à main, une omelette au jambon,
un bateau à moteur, une tasse à café.

— Préposition **de** :

La voiture **de mon père,** une tasse de café, un kilo de pommes,
une barre de fer, un film de Charlie Chaplin, une robe de cent
francs, un voyage de quatre jours, la liberté de pensée...

— Préposition **en** :

Une montre **en or,** un soldat en uniforme, un voyage en avion
(en chemin de fer, en voiture, en bateau)...

— Préposition **pour** :

Un livre **pour enfants,** le train pour Paris, une condamnation pour
vol...

● **un autre nom joint directement** :

Un timbre-poste, une ville-champignon, un bifteck-frites...

● **un verbe à l'infinitif précédé d'une préposition :**

— Préposition **à** :

Une salle **à manger,** une chambre à coucher, des cartes à jouer, une poêle à frire, une machine à écrire...

— Préposition **de** :

La joie **de vivre,** la peur de mourir, défense de fumer, etc...

● **Un verbe introduit par un pronom relatif :**

C'est un homme {
qui aime le cinéma.
que je connais depuis longtemps.
dont on parle beaucoup.

● **de + un adverbe :**

Les gens **d'ici,** les voisins du dessus, le jardin de devant, la maison d'en face, le journal d'hier, le monde de demain...

**56 — Les compléments de l'adjectif**

Un adjectif peut être complété par :

**un adverbe :**

C'est **très** beau.

**un nom (ou un pronom) précédé d'une préposition :**

— Préposition **à** :

Il est dur **à la souffrance.**

— Préposition **de** :

Il est content **de son travail.**

Il est fier de lui.

Il est riche d'espoirs...

**un verbe à l'infinitif précédé de la préposition** $\boxed{\text{à}}$ **ou** $\boxed{\text{de}}$ :

C'est une chose facile **à faire.**

Ce film est bête à pleurer.

Cette eau est bonne à boire.

Un vêtement prêt à porter...

Il est interdit **de fumer.**

# CHAPITRE XI

# L'interrogation

**57** **Interroger, c'est poser une question**

● Quand la phrase interrogative contient seulement la question posée, on dit qu'il s'agit d'une **interrogation directe :**

Où habitez-vous?

Dans la langue écrite, l'interrogation directe est toujours suivie d'un point d'interrogation (?).

● Quand la phrase interrogative contient également un verbe qui indique que l'on pose une question, on dit qu'il s'agit d'une **interrogation indirecte :**

Je vous demande où vous habitez.

Dans la langue écrite, une interrogation indirecte n'est pas suivie d'un point d'interrogation.

**58** **L'interrogation directe**

Le tableau suivant montre les formes les plus fréquentes de l'interrogation directe.

Dans la langue parlée, on emploie le plus souvent l'interrogation qui respecte l'ordre des mots de la phrase et l'interrogation avec **est-ce que.**

Les deux autres formes : inversion du sujet et répétition du sujet par le pronom **il (ils)** ou **elle (elles),** sont employées surtout dans la langue écrite. Cependant, quelques expressions comme : quelle heure est-il? Comment allez-vous? sont employées couramment dans la langue parlée.

| Mots interrogatifs | L'interrogation porte sur | | L'ordre des éléments de la phrase est conservé | Interrogation avec est-ce que |
|---|---|---|---|---|
| | Le verbe | | Tu as dîné?<br><br>Ton frère a dîné? | Est-ce que tu as dîné?<br><br>Est-ce que ton frère a dîné? |
| Pronoms interrogatifs invariables : **qui, que, quoi** | Le sujet du verbe | animé | Qui a sonné? | Qui est-ce qui a sonné? |
| | | non animé | | Qu'est-ce qui ne va pas? (que) |
| | L'attribut du sujet | animé | | |
| | | non animé | | Qu'est-ce que c'est? |
| | Le complément d'objet premier de construction directe | animé | | Qui est-ce que tu as vu? |
| | | non animé | | Qu'est-ce que tu dis? (qu' = que) |
| | Le complément précédé d'une préposition | animé | Tu dînes avec qui, ce soir? | Avec qui est-ce que tu dînes? |
| | | non animé | Ça sert à quoi? | A quoi est-ce que ça sert? |
| Pronoms interrog. variables : **lequel... duquel, auquel** | N'importe quel élément de la phrase | | | De ces deux livres, lequel est-ce que tu préfères? |
| Adjectifs interrogatifs : **quel...** | Le sujet du verbe | | Quel autobus va à l'Opéra? | |
| | L'attribut du sujet | | Quel est l'autobus qui va à l'Opéra? | |
| | Un complément | | Tu prends quel train?<br>Tu pars à quelle heure? | Quel train est-ce que tu prends?<br>A quelle heure est-ce que tu pars? |
| Mots interrogatifs : **où, quand, comment combien combien de...** | | | Tu arriveras quand?<br>Tu as combien d'argent? | Quand est-ce que tu arriveras?<br>Combien d'argent est-ce que tu as?<br>ou :<br>Combien est-ce que tu as d'argent? |
| **Pourquoi?** | Le verbe | | | Pourquoi est-ce que tu es parti? |

| Inversion du sujet (sujet placé après le verbe) | Répétition du sujet par le pronom il ou elle placé après le verbe |
|---|---|
| Temps simple : **Dînes-tu?**<br><br>Temps composé : **As-tu dîné?** | Temps simple : **Ton frère dîne-t-il?**<br>**Tes parents dînent-ils?**<br>Temps composé : **Ton frère a-t-il dîné?**<br>**Tes parents on-ils dîné?** |
| | |
| **Qui êtes-vous? Qui est cet homme?** | |
| | |
| Temps simple : **Qui verras-tu?**<br>Temps composé : **Qui as-tu vu?** | Temps simple : **Qui ton frère verra-t-il?**<br>Temps composé : **Qui ton frère a-t-il vu?** |
| Temps simple : **Que dit-il?**<br>**Que dit ton frère?**<br>Temps composé : **Qu'a-t-il dit?**<br>**Qu'a dit ton frère?** | |
| Temps simple : **Avec qui dînes-tu?**<br>Temps composé : **Avec qui as-tu dîné?** | Temps simple : **Avec qui ton frère dîne-t-il?**<br>Temps composé : **Avec qui ton frère a-t-il dîné?** |
| Temps simple : **A quoi sert cela?**<br>Temps composé : **A quoi a servi cela?** | Temps simple : **A quoi cela sert-il?**<br>Temps composé : **A quoi cela a-t-il servi?** |
| Temps simple : **De ces deux livres, lequel préfères-tu?**<br>Temps composé : **... Lequel as-tu préféré?** | Temps simple : **... Lequel ton frère préfère-t-il?**<br><br>Temps composé : **... Lequel ton frère a-t-il préféré?** |
| | |
| Temps simple : **Quel train prends-tu?**<br>Temps composé : **Quel train as-tu pris?** | Temps simple : **Quel train ta sœur prend-elle?**<br>Temps composé : **Quel train ta sœur a-t-elle pris?** |
| Temps simple : **Quand arriveras-tu?**<br>Temps composé : **Quand es-tu arrivé?**<br>Temps simple : **Combien d'argent as-tu?**<br><br>Temps composé : **Combien d'argent as-tu eu?**<br>ou : **Combien as-tu eu d'argent?** | Temps simple : **Quand ta sœur arrivera-t-elle?**<br>Temps composé : **Quand ta sœur est-elle arrivée?**<br>Temps simple : **Combien d'argent ton frère a-t-il?**<br>ou : **Combien ton frère a-t-il d'argent?**<br>Temps composé : **Combien d'argent ton frère a-t-il eu?**<br>ou : **Combien ton frère a-t-il eu d'argent?** |
| Temps simple : **Pourquoi pars-tu?**<br>Temps composé : **Pourquoi es-tu parti?** | Temps simple : **Pourquoi ton frère part-il?**<br>Temps composé : **Pourquoi ton frère est-il parti?** |

## 59 L'interrogation indirecte

On emploie l'interrogation indirecte avec des verbes comme : demander, se demander, dire, ignorer, savoir, etc...

● Dans l'interrogation indirecte, le mot ou groupe de mots sur lequel porte l'interrogation suit le verbe qui annonce la question, et l'ordre normal des autres mots est en général respecté :

Je te demande **si** tu as dîné.
**qui** a sonné.
**qui** tu as vu.
**avec qui** tu dînes.
**à quoi** ça sert.
**lequel de ces deux livres** tu préfères.
**quel autobus** va à la gare.
**quel train** tu prends.
**à quelle heure** tu pars.
**quand** tu arriveras.
**combien d'argent** tu as.
**pourquoi tu** es parti.

● Cependant, il faut remarquer :

1) que le pronom **que** devient **ce qui** quand il est sujet, et **ce que** quand il est c. o. p. de construction directe.

Je me demande **ce qui** ne va pas.
**ce que** tu dis.

2) que l'on fait souvent **l'inversion du nom sujet :**
a) avec les mots interrogatifs : où, quand, comment, combien de,

Je ne sais pas **où** habitent tes parents.
**quand** arrivera ta sœur.
**comment** viendront Nicole et Jacques.
**combien d'argent** a ton frère.

b) avec **ce que** et les pronoms **qui** et **quoi** précédés d'une préposition :

Je ne sais pas **ce que** veut cet enfant.
**avec qui** sortent tes amis.
**à quoi** pense cet homme.

# CHAPITRE XII

# La négation

Les marques les plus fréquentes de la négation sont les suivantes :

**60** **Ne ... pas** (langue littéraire : **ne ... point**).

— Avec les verbes aux temps simples, **ne ... pas** encadre le verbe :

Je **ne** fume **pas.**

REMARQUE : avec un verbe à l'infinitif présent, **ne pas** précède le verbe. J'essaie de **ne pas** fumer.

— Avec les verbes aux temps composés, **ne ... pas** encadre l'auxiliaire :

Je **n'**ai **pas** fumé depuis trois jours.

— Pour rendre la négation plus forte, on emploie : **absolument pas** ou **pas du tout :**

Il **n'**a **pas du tout** d'argent.
ou
Il **n'**a **absolument pas** d'argent.

**61** **Ne ... rien.**

— La négation **ne ... rien** s'emploie quand **rien** désigne un complément **non animé** du verbe :

Temps simples : Je **ne** comprends **rien.** Cela **ne** sert à **rien.**
Temps composés : Je **n'**ai **rien** compris. Cela **n'**a servi à **rien.**

— **Rien** peut être employé sans **ne :**

Il veut tout ou **rien.**
Ces hommes sont morts pour **rien.**
Il s'est approché **sans rien dire.**

**62   Rien ne ...**

La négation **rien ne ...** s'emploie quand **rien** désigne un sujet non animé du verbe :

**Rien ne** lui fait peur.

**63   Ne ... personne**

Cette négation s'emploie quand **personne** est **complément du verbe :**

Je **ne** vois **personne.**
Je **n'**ai vu **personne.**

**64   Personne ne ...**

Cette négation s'emploie quand **personne** est **sujet du verbe :**

**Personne ne** vient.
**Personne n'**est venu.

**65   Ne ... plus**

**Ne ... plus** s'emploie pour marquer le contraire d'une action ou d'une situation passées :

Aujourd'hui, je **ne** suis **plus** fatigué
(hier je l'étais).

Négation renforcée : **absolument plus.**

**66   Ne ... pas encore**

**Ne ... pas encore** s'emploie pour indiquer qu'une action n'est pas faite, mais qu'elle va l'être plus tard :

Je **n'**ai **pas encore** fini mon travail.

**67   Ne ... jamais**

**Ne ... jamais** s'emploie pour marquer une action ou une situation qui n'a lieu à aucun moment du présent, du passé ou du futur :

Temps simples : Je **ne** vais **jamais** au cinéma.
Temps composés : Je **ne** suis **jamais** allé au cinéma.

On peut aussi placer **jamais** au début de la phrase :

**Jamais** je **n'**ai dit cela.

**68** **Ne ... plus employé avec** rien, personne, jamais

● « Rien » et « personne » sont sujets du verbe :

**Plus rien ne** m'étonne.
**Plus personne ne** viendra me voir.

● Dans les autres cas :
— avec un verbe employé à un temps simple :

Je ne dirai plus rien.
Je ne verrai plus personne.
Je ne reviendrai plus jamais.

— avec un verbe à un temps composé :

Je n'ai plus rien dit.
Je ne suis plus jamais revenu.

Mais :

Je n'ai plus vu personne.

**69** **Ne ... guère = ne pas ... beaucoup :**

Je **n'**ai **guère** le temps de me promener.
(= je n'ai pas beaucoup le temps de me promener).

**70** **Ne ... que = seulement :**

Je **n'**ai **que** dix francs sur moi.
(= j'ai seulement dix francs sur moi).

**71** **Ne ... pas que = ne ... pas seulement :**

Je **n'**apprends **pas que** le français ; j'apprends aussi l'anglais.

**72** **Ne ... plus que = seulement :**

Je n'ai **plus que** cinq francs sur moi.
(avant, j'avais davantage).

**73  Ne ... même pas, ne ... même plus**

On emploie ces négations quand on veut insister sur ce qui est exprimé à la forme négative :

Il ne s'intéresse à rien : il **ne** lit **même pas** le journal.
Il ne s'intéresse plus à rien : il **ne** lit **même plus** le journal.


**74  Aucun, nul**

L'emploi de **aucun** et **nul** (voir § 17) entraîne la suppression de **pas** :

**Aucun** homme **n'**est parfait.
Il **n'**y a **aucun** bateau à l'horizon.


**75  Réponse affirmative à une interrogation**

● **L'interrogation est à la forme affirmative : Oui.**

— Vous connaissez cette personne ?
— **Oui,** je la connais.

● **L'interrogation est à la forme négative : Si.**

— Vous ne connaissez pas cette personne ?
— **Si,** je la connais.

REMARQUES : Quand on veut rendre la réponse plus fortement affirmative, on emploie : **mais oui** et **mais si.**

On redouble une affirmation en employant : **aussi :**

| | |
|---|---|
| — Vous fumez ? | — Vous êtes sorti samedi ? |
| — Oui. | — Oui. |
| — Moi **aussi.** | — Et dimanche ? |
| | — Dimanche **aussi.** |


**76  La négation redoublée**

● **Non plus**

| | |
|---|---|
| — Vous fumez ? | — Vous êtes sorti samedi ? |
| — Non, et vous ? | — Non. |
| — Moi **non plus.** | — Et dimanche ? |
| | — Dimanche **non plus.** |

● **Ne ... ni ...**
　**Ne ... ni ... ni ...**

Cette négation peut porter sur :

**— le verbe :**
Il **ne** boit **ni** ne fume (langue écrite).

**— le sujet :**
**Ni** mon frère, **ni** ma sœur **ne** me ressemblent.

**— l'attribut :**
Il **n'**est **ni** vieux, **ni** jeune.

**— un complément :**
Il **ne** sait **ni** lire **ni** écrire.

## 77 Réponse négative à une interrogation

### ● Non
— Vous partez en vacances cette année?
— Non.

### ● Pas
Quand on répète seulement le mot sur lequel porte la négation, on emploie : **pas.**

— Vous fumez?
— Oui.
— **Pas** moi (= Moi, je ne fume pas).
— Vous venez demain?
— Non, **pas** demain (= Non, je ne viens pas demain).

# CHAPITRE XIII

# La quantité (ou l'intensité)

**78**   La marque de la quantité (on dit aussi : intensité) peut porter sur des verbes, des noms, des adjectifs, des adverbes. Elle peut indiquer une quantité nulle, faible, insuffisante, suffisante, forte ou excessive.

Les tableaux suivants montrent les marques les plus fréquentes de la quantité employées dans chaque cas.

| | Verbes | Noms |
|---|---|---|
| quantité nulle | **ne... pas du tout**<br>**ne... absolument pas** | **ne... pas du tout de...**<br>**ne... absolument pas de...** |
| quantité faible | **peu..., un peu...**<br>**très peu...**<br>**ne... pas beaucoup**<br>**ne... guère** | **peu de..., un peu de...**<br>**très peu de...**<br>**ne... pas beaucoup de...**<br>**ne... guère de...** |
| quantité insuffisante | **trop peu...**<br>**ne... pas assez...** | **trop peu de...**<br>**ne... pas assez de...** |
| quantité suffisante | **...assez** | **assez de...** |
| quantité forte | **...beaucoup**<br>**...bien**<br>**...très bien** | **beaucoup de...** |
| quantité excessive | **...trop**<br>**...trop... pour...** | **trop de...**<br>**trop de... pour...** |

|  | Adjectifs | Adverbes |
|---|---|---|
| quantité nulle | ne... pas du tout<br>ne... absolument pas | |
| quantité faible | peu...<br>très peu...<br>ne guère... | |
| quantité insuffisante | trop peu...<br>ne... pas assez... | trop peu...<br>ne... pas assez... |
| quantité suffisante | assez... | assez... |
| quantité forte | très...<br>bien...<br>tout à fait... | très... |
| quantité excessive | trop...<br>trop... pour... | trop...<br>trop... pour... |

**Quelques exemples** : La marque porte sur :
● **les verbes**

**Temps simples :**
Il ne mange pas du tout.
Il mange (beaucoup) peu.
Il mange trop.

**Temps composés :**
Il n'a pas du tout mangé.
Il a peu (beaucoup) mangé.
Il a trop mangé.

● **les noms**
J'ai peu d'argent. Je n'ai pas du tout d'argent.
J'ai assez d'argent pour acheter une voiture.
J'ai trop de travail pour aller me promener.

● **les adjectifs**
Il n'est pas du tout aimable.
Il est peu (assez, très) aimable.
Il est trop poli pour être honnête.

● **les adverbes**
Il court assez (très, trop) vite.

# CHAPITRE XIV

# La comparaison

**79** Quand on établit une comparaison entre deux termes, on peut exprimer des rapports d'**égalité** ou des rapports d'**inégalité** (**infériorité** ou **supériorité**).

La comparaison peut porter sur des noms, des pronoms, des adjectifs, des verbes et des adverbes.

Elle peut s'appliquer à la même personne ou au même objet, ou à des personnes ou objets différents.

## Comparaison d'égalité (ou de ressemblance)

**80** **Noms** ou **pronoms**

**1° Noms précédés des déterminants : du, de la, des :**

**a) Un seul nom : autant de ... que ...:**

J'ai **cent francs**; mon frère a **aussi cent francs**.

Comparaison :
J'ai **autant d'**argent **que** mon frère.

**b) Deux noms différents : autant de ... que de ...:**

Il y a **des jouets**; il y a le même nombre d'**enfants**.

Comparaison :
Il y a **autant de jouets que** d'enfants.

**2° Autres noms : le même, la même, les mêmes ... que ..., comme :**

J'ai acheté un manteau; mon ami a acheté le même manteau.

Comparaison :
J'ai acheté **le même** manteau **que** mon ami.
J'ai acheté un manteau **comme celui** de mon ami.

ou

Mon ami a acheté **le même** manteau **que** moi.
Mon ami a acheté un manteau **comme** le mien.

REMARQUE : Dans la comparaison, on emploie les pronoms personnels
suivants :

|  | 1<sup>re</sup> personne | 2<sup>e</sup> personne | 3<sup>e</sup> personne |
|---|---|---|---|
| singulier | **moi** | **toi** | **lui - elle** |
| pluriel | **nous** | **vous** | **eux - elles** |

## 81 Adjectifs

Avec les adjectifs, on emploie **aussi ... que ...**
Dans une phrase négative, on peut employer aussi : **Si ... que ...:**

Il est **aussi** intelligent **que** bon (ou : **que** sa sœur).
Il est **aussi** fatigué **qu'**hier.

Phrase négative :

Ma voiture **n'est pas aussi** belle **que** la vôtre.

## 82 Adverbes

On emploie avec les adverbes, les mêmes formes que pour les
adjectifs : **aussi ... que ...** On peut employer aussi : **Si ...
que ...** dans les phrases négatives :
Il travaille **aussi** bien **que** moi.
Cette année, il court **aussi** vite **que** l'an dernier.

Phrase négative :
Il ne court pas **aussi vite que** l'an dernier.

## 83 Verbes

Avec les verbes, on emploie les formes **autant ... que ...,
comme :**

Je travaille **autant que** lui.
Cette année, j'ai travaillé **autant que** l'an dernier.
Je pense **comme** vous.
Il ment **comme** il respire.

### Comparaison d'infériorité

Pour indiquer une comparaison d'infériorité, on remplace **autant** et **aussi** par **moins**. On a ainsi :

**84**  **Pour les noms : moins de ... que ...**
**et moins de ... que de ...:**

J'ai **moins d'**argent **que** mon frère.
Dans cette salle, il y a **moins de** tables **que de** chaises.

**85**  **Pour les adjectifs, les adverbes et les verbes : moins ... que ...:**

Il est **moins** intelligent **que** sa sœur.
Il court **moins** vite **que** l'an dernier.
Il travaille **moins que** l'an dernier.

On peut marquer un degré plus ou moins grand d'infériorité en employant devant **moins : beaucoup** ou **un peu :**
**beaucoup moins ... que ...**
**un peu moins ... que ...**

### Comparaison de supériorité

Pour indiquer une comparaison de supériorité, on remplace les formes **autant** et **aussi** par la forme : **plus**. On a ainsi :

**86**  **Pour les noms : plus de ... que ...**
**et plus de ... que de ...:**

J'ai **plus** d'argent **que** mon frère.
Il y a **plus** de chaises **que de** tables.

**87**  **Pour les adjectifs, les adverbes et les verbes : Plus ... que ...:**

Il est **plus** intelligent **que** sa sœur.
Il court **plus** vite **que** l'an dernier.
Il travaille **plus que** l'an dernier.

On peut marquer un degré plus ou moins grand de supériorité en employant devant **plus** : **beaucoup** ou **un peu** : **beaucoup plus ... que ..., un peu plus ... que ...**

**88** Dans une comparaison de supériorité, l'adjectif **bon** (fém. : **bonne**) devient : **meilleur** (fém. : **meilleure**), et l'adverbe **bien** devient : **mieux** :

Jean est **meilleur** élève **que** Paul.
Jean travaille **mieux que** Paul.

**Le superlatif**

Le dernier degré de la comparaison d'infériorité ou de supériorité s'appelle **le superlatif**. Il peut porter sur un verbe, un adjectif ou un adverbe.

**89** Pour marquer le **superlatif d'infériorité,** on emploie les formes : **le moins** et **le moins ... de ...:**

C'est lui qui travaille **le moins.**
C'est **le moins** travailleur **de** la classe.
C'est lui qui court **le moins** vite.

**90** Pour marquer le **superlatif de supériorité,** on emploie les formes : **le plus** et **le plus ... de ...:**

C'est lui qui travaille **le plus.**
C'est **le plus** travailleur **de** la classe.
C'est lui qui court **le plus** vite.

**91** Le superlatif de l'adjectif **bon** est **le meilleur** (fém. : **la meilleure**) et le superlatif de l'adverbe **bien** est : **le mieux** :

C'est **le meilleur** étudiant du groupe.
C'est lui qui travaille **le mieux.**

# CHAPITRE XV

# Les compléments d'objet premier

**92** **Le C. O. P. est un nom :**
a) Joint directement au verbe :

Je mange **une pomme.**

On dit que ce C. O. P. est de **construction directe.**
b) construit avec la préposition **à :**

Je pense **à mes parents.**

c) construit avec la préposition **de :**

Il se souvient **de son enfance.**

On dit que les C. O. P. construits avec **à** ou **de** sont de **construction indirecte.**

**93** **Le C. O. P. est un verbe à l'infinitif :**
a) construit directement :

Je compte **partir** demain.

b) construit avec **à :**

Il s'est décidé **à partir.**

c) construit avec **de :**

Il s'est arrêté **de travailler.**

**94** **Le C. O. P. est un nom suivi d'un infinitif :**

Je regarde **la pluie tomber.**

**95** **Le C. O. P. est un verbe construit avec que.**
a) verbe à l'indicatif :

Je pense **que vous avez raison.**

b) verbe au subjonctif :

Je souhaite **que vous veniez demain.**

**96  Le C. O. P. est une interrogation indirecte** (voir § 59) :

Je ne sais pas **si je pourrai venir demain.**

Dans le tableau suivant, les croix indiquent les constructions usuelles du C. O. P. avec les verbes les plus fréquents de la langue française (*Français fondamental,* 1$^{er}$ degré). Ne figurent pas sur ce tableau les constructions plus rarement utilisées. Certains verbes admettent seulement **un nom ou un pronom C. O. P. de construction directe :**

J'ai apporté **des disques.**
Je **le connais** depuis longtemps.

(Voir la liste des verbes les plus fréquents de ce type au § 98).

**97  La construction du complément d'objet premier**

| VERBES | NOM | | | INFINITIF | | | Que + V. | Nom + Inf. | Inter. Indir. | REMARQUES |
|---|---|---|---|---|---|---|---|---|---|---|
| | Direct | à | de | Direct | à | de | | | | |
| s'adapter | | + | | | | | | | | |
| affirmer | + | | | | | | Ind. | | | avec forme négative : indicatif ou subjonctif |
| aider | + | | | | + | | | | | aider qq'un à... |
| aimer | + | | | + | | | Subj. | | | |
| aimer mieux | + | | | + | | | S | | | |
| ajouter | + | | | | | | I | | | |
| aller | | | | + | | | | | | |
| s'amuser | | + | | | + | | | | | |
| apercevoir | + | | | | | | | + | | |
| s'apercevoir | | | + | | | | I | | | |
| apprendre | + | | | | + | | I | | + | |

| VERBES | NOM | | | INFINITIF | | | Que + V. | Nom + Inf. | Inter. Indir. | REMARQUES |
|---|---|---|---|---|---|---|---|---|---|---|
| | Direct | à | de | Direct | à | de | | | | |
| **arrêter** | + | | | | | + | | | | arrêter de = cesser de |
| **s'arrêter** | | | | | | + | | | | |
| **il arrive** (impers.) | | | | | | + | I | | | |
| **arriver à** | | | | | + | | | | | = réussir à... |
| **attendre** | + | | | | | + | S | | | |
| **avoir besoin** | | | + | | | + | S | | | |
| **cacher** | + | | | | | | I | | | |
| **changer** | + | | + | | | | | | | |
| **charger** | + | | + | | | + | | | | charger qq'un de... |
| **chercher** | + | | | | + | | | | | chercher à = essayer de... |
| **choisir** | + | | | | | + | | | | |
| **commander** | + | | | | | + | | | | |
| **commencer** | + | | | | + | + | | | | à ou de |
| **comprendre** | + | | | | | | I ou S | | | avec forme négative : S |
| **compter** | + | | | | | | | | | |
| **compter** | + | | | + | | | | | | + Inf. = avoir l'intention de... |
| **continuer** | + | | | | + | + | | | | à ou de |
| **courir** | | | | + | | | | | | |
| **coûter** | + | | | | | | | | | |
| **crier** | + | | | | | | I | | | |
| **croire** | + | + | | + | | | I | | | avec forme négative : S |
| **décharger** | | | + | | | | | | | |
| **décider** | + | | | | | + | I | | | décider qq'un à... |
| **se décider** | | | | | + | | | | | |
| **défendre** | + | | | | | | | | | = protéger |

| VERBES | NOM | | | INFINITIF | | | Que + V. | Nom + Inf. | Inter. Indir. | REMARQUES |
|---|---|---|---|---|---|---|---|---|---|---|
| | Direct | à | de | Direct | à | de | | | | |
| défendre | | | | | | + | S | | | = interdire |
| demander | + | | | | + | + | S | | + | demander à qq'un de... |
| se demander | | | | | | | | | + | |
| se dépêcher | | | | | | + | | | | |
| descendre | | | | + | | | | | | |
| devoir | + | | | | | | | | | = avoir une dette |
| devoir | | | | + | | | | | | = être obligé de... |
| dire | + | | + | | | + | I | | + | avec forme négative : + subj. |
| discuter de | | | + | | | | | | | |
| écouter | + | | | + | | | | + | + | |
| écrire | + | | | | | + | I | | | écrire à qq'un de... |
| emmener | + | | | | | | | + | | |
| empêcher | + | | | | | + | S | | | empêcher qq'un de... |
| employer | + | | | | + | | | | | employer son temps à... |
| entendre | + | | | + | | | I | + | | |
| entrer | | | | + | | | | | | |
| avoir envie | | | + | | | + | S | | | |
| envoyer | + | | | + | | | | + | | |
| espérer | + | | | + | | | I ou S | | | (aff. : I; nég. : I ou S). |
| essayer | + | | | | | + | S | | | |
| s'étonner | | | + | | | + | S | | | |
| expliquer | + | | | | | | I | | | |
| faire | + | | | + | | | | + | | |
| faire semblant | | | | | | + | | | | |
| il faut | + | | | + | | | S | | | |
| finir | + | | | | | + | | | | |

| VERBES | NOM | | | INFINITIF | | | Que + V. | Nom + Inf. | Inter. Indir. | REMARQUES |
|---|---|---|---|---|---|---|---|---|---|---|
| | Direct | à | de | Direct | à | de | | | | |
| **forcer** | + | | | | + | | | | | forcer qq'un à... |
| **guérir** | + | | + | | | | | | | |
| **habitude (avoir l')** | | + | | | | + | | | | |
| **avoir hâte** | | | | | | + | S | | | |
| **s'intéresser** | | + | | | | | | | | |
| **jouer** | + | + | + | | + | | | | | |
| **juger** | + | | | | | | | | | |
| **juger** | | | | | | | I | | | = estimer que |
| **laisser** | + | | | + | | | | + | | |
| **lire** | + | | | | | | I | | | |
| **avoir mal** | | + | | | | | | | | |
| **manquer** | + | | + | | | + | | | | |
| **se mêler à** | | + | | | | | | | | = participer à... |
| **se mêler de** | | | + | | | + | | | | = s'occuper de... |
| **mettre** | + | | | + | | | | | | |
| **se mettre** | | + | | | + | | | | | = commencer à |
| **monter** | + | | | + | | | | | | |
| **montrer** | + | | | | | | I | + | | |
| **montrer à** | | | | | + | | | | | = enseigner à... |
| **se moquer** | | | + | | | + | | | | |
| **négliger** | + | | | | | + | | | | |
| **obliger** | + | | | | + | | | | | obliger quelqu'un à... |
| **occuper** | + | | | | + | | | | | occuper son temps à... |
| **s'occuper** | | | + | | | + | | | | |
| **oser** | | | | + | | | | | | |
| **oublier** | + | | | | | + | I | | | |
| **il paraît** (impers.) | | | | | | | I | | | |

| VERBES | NOM Direct | NOM à | NOM de | INFINITIF Direct | INFINITIF à | INFINITIF de | Que + V. | Nom + Inf. | Inter. Indir. | REMARQUES |
|---|---|---|---|---|---|---|---|---|---|---|
| **parler** | + | | + | | + | | | | | |
| **partir** | | | | + | | | | | | |
| **passer** | + | | | + | + | | | | | passer son temps à... |
| **se passer** | | | + | | | + | | | | = se priver de |
| **penser** | + | + | + | + | + | | I | | | forme négative : S |
| **perdre** | + | | | | | + | | | | perdre son temps à... |
| **permettre** | + | | | | | + | S | | | permettre à qq'un de... |
| **avoir peur** | | | + | | | + | S | | | |
| **se plaindre** | | | + | | | + | S | | | |
| **plaire** | | + | | | | | | | | |
| **pouvoir** | | | | + | | | | | | |
| **préférer** | + | | | + | | | S | | | |
| **se préparer** | + | | | | + | | | | | |
| **se presser** | | | | | | + | | | | |
| **prévenir** | + | | | | | + | I | | | |
| **promettre** | + | | | | | + | I | | | |
| **raconter** | + | | | | | | I | | + | |
| **avoir raison** | | | | | | + | | | | |
| **rappeler** | + | | | | | | I | | | |
| **se rappeler** | + | | | + | | | I | | | avec inf. passé seulement |
| **recommencer** | + | | | | + | | ' | | | |
| **reconnaître** | + | | | + | | | I | | | |
| **regarder** | + | | | + | | | | + | + | |
| **se rendre compte** | | | + | | | | I | | | = s'apercevoir |
| **remarquer** | + | | | | | | I | | | |
| **renoncer** | | + | | | + | | | | | |
| **rentrer** | + | | | + | | | | | | |

| VERBES | NOM | | | INFINITIF | | | Que + V. | Nom + Inf. | Inter. Indir. | REMARQUES |
|---|---|---|---|---|---|---|---|---|---|---|
| | Direct | à | de | Direct | à | de | | | | |
| repartir | | | | + | | | | | | |
| répéter | + | | | | | + | I | | | répéter à qq'un de... |
| répondre | | + | | | | | I | | | |
| ressembler | | + | | | | | | | | |
| rester | | | | + | | | | | | |
| retourner | + | | | + | | | | | | |
| réussir | + | | | | + | | | | | |
| revenir | | | | + | | | | | | |
| rire | | | + | | | | | | | |
| savoir | + | | | + | | | I | | + | |
| Il semble (impers.) | | | | | | | I ou S | | | |
| sembler | | | | + | | | | | | |
| sentir | + | | | | | | I | + | | |
| servir | + | + | + | | + | | | | | |
| se servir | | | + | | | | | | | |
| sortir | + | | | + | | | | | | |
| sourire | | + | | | | | | | | |
| se souvenir | | | + | | | + | I | | | avec infinitif passé seulement |
| il suffit (impers.) | | | + | | | + | S | | | |
| télégraphier | + | | | | | + | I | | | télégraphier à quelqu'un de... ou que... |
| téléphoner | + | | | | | + | I | | | téléphoner à quelqu'un de... ou que... |
| tenir | + | + | | | + | | | | | tenir à = attacher de l'importance à... |
| avoir le temps | | | | | | + | | | | |
| avoir tort | | | | | | + | | | | |
| travailler | | + | | | | | | | | |

| VERBES | NOM | | | INFINITIF | | | Que + V. | Nom + Inf. | Inter. Indir. | REMARQUES |
|---|---|---|---|---|---|---|---|---|---|---|
| | Direct | à | de | Direct | à | de | | | | |
| se tromper | | | + | | | | | | | |
| trouver | + | | | | | | I ou S | | | trouver que = estimer |
| valoir | + | | | | | | | | | |
| Il vaut mieux (impers.) | | | | + | | | S | | | |
| venir | | | | + | | | | | | |
| voir | + | | | + | | | I | + | + | |
| vouloir | + | | | + | | | S | | | |

### Verbes admettant seulement un nom ou un pronom complément d'objet premier de construction directe.

A    Accrocher, acheter, allumer, amener, amuser, appeler, apporter, arranger, arrêter, attacher, attraper, avoir (= posséder).

B    Baisser, balayer, battre, blesser, boire, boucher, brûler, se brûler.

C    Casser, chanter, chasser, chauffer, citer, coller, combattre, conduire, connaître, construire, couper, couvrir, creuser, cuire, cultiver

D    Danser, déchirer, décorer, démolir, dépenser, déranger, dessiner, donner.

E    Éclairer, écraser, effacer, élever, embrasser, emporter, enlever, enterrer, entourer, envelopper.

F    Frapper, frotter.

G    Gagner, garder, gêner.

I    Installer, intéresser.

J    Jeter.

L    Labourer, lancer, laver, se laver, lever, louer.

M     Manger, mêler, mesurer, mordre, mouiller.

N     Nettoyer, nommer.

O     Offrir, ouvrir.

P     Pardonner, partager, payer, pêcher, peigner, peindre, pendre, peser, photographier, piquer, placer, planter, plier, porter, poser, pousser, prendre, préparer, présenter, presser, prêter, produire, promener, punir.

Q     Quitter.

R     Ramasser, ranger, se raser, recevoir, récolter, reculer, remettre, remplacer, remplir, remuer, rencontrer, rendre, réparer, reprendre, représenter, respirer, retrouver, réveiller, revoir, rouler.

S     Salir, saluer, sauter, sauver, sculpter, sécher, semer, serrer, signer, soigner, sonner, suivre.

T     Tailler, tendre, tirer, toucher, traverser, tricoter, tromper, tuer.

V     Vacciner, vendre, vider, visiter, voler.

## 99  Quelques verbes particuliers

Certains verbes ont un sens différent selon la forme du complément d'objet premier (C. O. P.). En voici quelques-uns :

### ● Croire

**— croire + C. O. P. nominal de construction directe :** = penser que la personne représentée par le C. O. P. dit la vérité :

Je **vous** crois.

**— croire que + verbe :** penser que ce qui est dit est vrai : Je crois **qu'il viendra bientôt.**

**— croire à + COP nominal :** penser que la chose dite existe :

Je crois **à son amitié.**

Construction particulière :

Je crois **en la bonté des hommes.**

**— croire + COP infinitif de construction directe** : penser que ce qui est dit est possible :

Je crois **pouvoir faire ce travail en 3 jours.**


● **Dire**

**— dire + C. O. P. nominal de construction directe** : exprimer quelque chose.
**que + verbe :**

— Vous dites **qu'il est malade ?**
— Je ne dis pas **cela.**

**— dire de + C. O. P. nominal** : avoir une opinion au sujet de... :

Que dites-vous **de la situation ?**

**— dire de + infinitif** : demander, ordonner :

Il nous a dit **de venir à 8 heures.**


● **Manquer**

Le verbe **manquer** est employé le plus souvent sans complément d'objet premier. Il signifie dans ce cas : être absent :

Trois élèves manquent aujourd'hui.
Il manque un bouton à ma chemise.

Quand il est complété par un complément d'objet premier, il a plusieurs sens :

**— manquer + C. O. P. nominal de construction directe** : ne pas réussir :

J'ai manqué **une affaire.**

**— manquer de + C. O. P. nominal** : être privé de... :

Certaines régions ont manqué **d'eau** cette année.

— **manquer de** + **infinitif** : échapper à un danger :

J'ai manqué **d'avoir un accident.**

● **Parler**

— **parler** + C. O. P. nominal de construction directe :
s'exprimer en une langue :

Je parle **français.**

— **parler de** + C. O. P. nominal : dire quelque chose au
sujet de... :

Nous parlions **de vous.**

— **parler de** + **infinitif** : proposer quelque chose :

Il parle **d'aller** au cinéma ce soir. Qu'en dites-vous ?

● **Penser**

— **penser** + | **que** + **verbe** = croire que...
              | **infinitif de construction directe**

Je pense | que je pourrai aller vous voir demain.
         | pouvoir aller vous voir demain.

— **penser à** + | C. O. P. nominal : songer à
                 | infinitif :

Je pense **à mes parents**
Je pense **à partir en vacances.**

— **penser** + C. O. P. nominal construit **avec de** : avoir
une opinion au sujet de... :

Que pensez-vous **de la situation ?**

**Servir**

— **servir** + C. O. P. nominal de construction directe :

Ce garçon sert rapidement **les clients.**
Cet homme d'Etat a bien servi **son pays.**

**— servir à + infinitif :** avoir un usage :

Un tire-bouchon sert **à déboucher les bouteilles.**

**— servir de + C. O. P. nominal :** être utilisé à la place de quelqu'un ou quelque chose :

Les enfants jouaient au foot-ball. Une boîte de conserve leur servait **de ballon.**

● **Tenir**

**— tenir + C. O. P. nominal de construction directe :**

Il tient **un journal** à la main.

**— tenir à +** | **C. O. P. nominal :** attacher de l'importance à...
| **infinitif :**

Il tenait beaucoup à | ses amis
| voir ses amis.

**— tenir de + C. O. P. nominal :** avoir une ressemblance avec... :

Cet enfant **tient de son père.**

**100** Le mode et le temps des verbes

quand le C. O. P. est | **que + verbe.**
| **une interrogation indirecte.**

Ces verbes peuvent être à l'indicatif (ou au conditionnel) ou au subjonctif.

**1 — Quand ils sont au subjonctif,** on emploie généralement **le subjonctif présent :**

Je veux **que tu viennes.**
Il a voulu **que je vienne.**

On emploie les autres temps du subjonctif dans la langue littéraire.

**2 — Quand ils sont à l'indicatif** (ou au conditionnel), le temps employé dépend du moment où a lieu l'action indiquée par le verbe C. O. P :

| Moment où a lieu l'action indiquée par le verbe C. O. P. | Moment où l'on parle | Exemples | Temps employés |
|---|---|---|---|
| Le verbe indique une action qui a lieu au moment où on parle | Présent ou futur | **Il dit** \| qu'il s'en va. **Il dira** | Présent de l'indicatif |
| | Passé | **Il a dit** \| qu'il s'en allait. **Il disait** | Imparfait de l'indicatif |
| Le verbe indique une action qui est postérieure au moment où on parle | Présent ou futur | **Il dit qu'il s'en ira demain.** | Futur simple de l'indicatif |
| | Passé | **Il a dit qu'il s'en irait demain.** | Présent du conditionnel |
| Le verbe indique une action qui est antérieure au moment où on parle | Présent ou futur | **Il dit** \| qu'il a bien **Il dira** \| dormi. | Passé composé de l'indic. |
| | Passé | **Il a dit qu'il avait bien dormi.** | Plus-que-parfait de l'indic. |

# CHAPITRE XVI

# Les compléments de circonstance Le temps

**101 La date d'un événement**

- **L'année :**       Nous sommes **en** 1976.

- **Le mois :**       J'irai à Paris   **en** mai.
                                          **au mois de** mai.
                                          **début** mai.
                                          **fin** mai.
                                          **à la mi-mai.**

- **Le jour :** La Bastille a été prise **le** 14 juillet.

Pour dater une lettre, on écrit :

**Paris, le 15 mars 1977.**

Quand il s'agit d'un jour du mois où l'on est, on dit :

**le 25,** ou **le 25 du mois,** ou **le 25 de ce mois.**

Dans la correspondance commerciale :

**le 25 courant.**

- **La saison :**

Nous sommes **en hiver, en été, en automne.**

mais :                      Nous sommes **au printemps.**

- **L'heure :**

Je viendrai **à** 10 heures, **à** midi.

**Il est**
  9 heures **dix.**                  9 heures (ou 9 heures juste).
  8 heures **moins le quart.**      10 heures **et demie.**
  10 heures **moins vingt.**       11 heures **un quart.**

- **Les fêtes :**                 **à** Noël, **à** Pâques.

● Pour indiquer **une date (ou une heure) approximative, on dit :**

Je viendrai **vers** le 1<sup>er</sup> avril.

**vers** 10 heures (ou : **vers les** 10 heures).

**dans** ou **dans le courant de** la journée, la matinée, l'après-midi, la soirée, la semaine.

**dans le courant** de l'année, du mois.

## 102 La date d'un événement par rapport au moment où l'on parle; par rapport à un moment du passé ou du futur.

● **Par rapport au moment où l'on parle : aujourd'hui, hier, demain.**

« **Aujourd'hui,** c'est dimanche » :

**aujourd'hui** indique le jour où l'on est.

« **Hier,** c'était samedi » :

**hier** indique un moment du passé par rapport à **aujourd'hui.**

« **Demain,** ce sera lundi » :

**demain** indique un moment du futur par rapport à **aujourd'hui.**

● **Par rapport à un moment du passé ou du futur : ce jour-là, la veille, le lendemain.**

### Passé :

L'année dernière, les classes se sont terminées le 30 juin. Nous sommes partis en vacances **ce jour-là.** Nous avions préparé les bagages **la veille,** et nous sommes arrivés au bord de la mer **le lendemain.**

### Futur :

L'année scolaire se terminera le 30 juin prochain. Nous partirons en vacances **ce jour-là.** Nous préparerons les bagages **la veille,** et nous arriverons au bord de la mer **le lendemain.**

Dans les 2 exemples :

**ce jour-là** correspond à **aujourd'hui,**

**la veille** (ou le jour d'avant) correspond à **hier,**

**le lendemain** (ou le jour d'après) correspond à **demain.** C'est **le temps du verbe** qui indique si l'on s'exprime par rapport à un moment du passé ou à un moment du futur. On peut représenter ces correspondances par le schéma suivant :

| | 1° Par rapport au jour où l'on est : | |
|---|---|---|
| vers le passé  ← | moment où l'on est  → | vers le futur |
| **hier** | **aujourd'hui** | **demain** |

**2° Par rapport à un moment du passé ou du futur :**

| vers le passé ← | moment du passé → | vers le futur | | vers le passé ← | moment du futur → | vers le futur |
|---|---|---|---|---|---|---|
| **la veille** | **ce jour-là** | **le lendemain** | | **la veille** | **ce jour-là** | **le lendemain** |

Voici un tableau des correspondances entre les expressions les plus courantes qui permettent de dater un événement :

| Par rapport au moment où l'on est | Par rapport à un moment du passé ou du futur |
|---|---|
| **103  Vers le passé :** | |
| **Hier** | **La veille, le jour d'avant, le jour précédent** (langue écrite). |
| **Avant-hier** | **L'avant-veille, deux jours** { **avant** / **plus tôt** } |
| **Hier** | **La veille** |
| **Avant-hier**  **matin, midi, soir, après-midi** | **L'avant-veille**  { **au matin, à midi, au soir, dans l'après-midi** } |
| **Dimanche** **le mois** **l'été** **le (ou au) printemps** **l'an** **l'année** **la semaine** ou — **dernier** / **dernière** | **Le dimanche** **le mois** **l'été** **le (ou au) printemps** **l'année** **la semaine**  { **d'avant** (dans la langue écrite on emploie aussi l'adjectif **précédent(e)**, (pour un événement passé) } |
| **Il y a** ou **Cela fait**  { **deux heures** **trois jours** **une semaine** (ou **8 jours**) **deux semaines** (ou **15 jours**) **un mois, un an** } | **Deux heures** **Trois jours** **Une semaine** (ou **8 jours**) **Deux semaines** (ou **15 jours**) **Un mois, un an**  { **avant** (ou **plus tôt**) (ou **auparavant**, dans la langue écrite) } |

| Par rapport au moment où l'on est | Par rapport à un moment du passé ou du futur | | |
|---|---|---|---|
| **Dernièrement, il y a quelque temps** | **Quelque temps** | **avant auparavant** (langue écrite) | |
| **Il y a longtemps, autrefois** | **Longtemps** | **avant auparavant** (langue écrite) | |

## 104 Vers le futur :

| | | |
|---|---|---|
| **demain** | **le lendemain**, ou : **le jour suivant** | |
| **demain matin, midi, après-midi, soir** | **le lendemain matin, midi, après-midi, soir.** | |
| **après-demain** | **le surlendemain,** ou : **deux jours** | **après plus tard** |

| | | | | |
|---|---|---|---|---|
| ou | **dimanche** **le mois** **l'été** **le** (ou **au**) **printemps** **l'an** **l'année** **la semaine** | **prochain** **prochaine** | **le dimanche** **le mois** **l'été** **le** (ou **au**) **printemps** **l'année** **la semaine** | **d'après** (on emploie aussi l'adjectif **suivant(e)** |

| | | | |
|---|---|---|---|
| **dans** **d'ici** | **deux heures** **une semaine** (ou **8 jours,** ou **une huitaine**) **deux semaines** (ou **15 jours,** ou **une quinzaine**) **un mois, un an** | **Idem** | **après** (ou **plus tard**) |
| **dans** (ou **d'ici**) **un moment,** (ou **un instant**), **tout à l'heure.** | | **un moment** **un instant** | **après** (ou **plus tard**) |

## 105 Jour où l'on est :

**moment du passé ou du futur :**

| | |
|---|---|
| **maintenant, à présent, en ce moment** | **à ce moment-là** |
| **aujourd'hui** | **ce jour-là** |
| **ce matin, ce soir, cet après-midi** | **ce, cet** |
| **cette nuit, cette semaine, ce mois-ci, cette année.** | **cette** ......**là** |

Pour un futur immédiat **cette semaine, ce mois-ci, cette année.**

REMARQUE : Avec les expressions : **aujourd'hui, ce matin, ce soir,** etc...
c'est **le temps ou le sens du verbe** qui indique s'il s'agit du moment
exact où l'on est, ou du moment (matin, soir...) immédiatement passé ou
futur :
**Il fait froid** cette nuit (= cette nuit où nous sommes).
**Il a fait froid** cette nuit (= la nuit dernière).
**Il va faire froid** cette nuit (= la nuit prochaine).

Il en est de même pour **les jours de la semaine :**
**Nous sommes allés** au cinéma samedi (= samedi dernier).
**Nous pensons aller** au cinéma samedi (= samedi prochain).

Et pour **les mois de l'année :**
**Nous irons** à Paris en mai (= en mai prochain).
**Nous sommes allés** à Paris en mai (= en mai dernier).

De même, l'expression : **ces jours-ci** peut signifier : **il y a quelques jours,**
ou : **dans quelques jours.**

## 106  La durée d'un événement

● **Une durée non précisée**

Quand on n'indique pas exactement la durée d'un événement,
on emploie les expressions : **toujours, longtemps, quelque
temps, peu de temps,** etc...:

Il a été **longtemps** malade.

● **Une durée précisée :**

> **en ...**
> **mettre ... pour ...**

Par avion, | on va de Paris à Madrid **en une heure.**
　　　　　| on **met** une heure **pour** aller de Paris à Madrid.

> **pendant ...**

La semaine dernière, il a plu **pendant** trois jours.

On dit aussi très souvent :

La semaine dernière, il a plu **3 jours.**

> **tout (ou toute) ...**

Avec les noms : journée, matinée, soirée, nuit, semaine, mois,
année, on emploie très souvent l'adjectif **tout** (au féminin :
**toute**).

Hier, j'ai travaillé **toute la journée.**

REMARQUE : Hier, je **n'**ai **pas** travaillé **de toute** la journée (avec le
verbe à la forme négative, on emploie **de**).

| de ... à ... | du ... au ... |

La seconde guerre mondiale a duré **de** 1939 **à** 1945.
Nous serons en vacances **du** 30 juin **au** 8 septembre.

**pour ...**

Pour indiquer une durée prévue, on emploie **pour** :

— Je pars en voyage samedi prochain.
— **Pour** longtemps?
— **Pour** une semaine.

● **Une durée dont on indique seulement le début.**

| depuis ... | depuis que ... |

Le début se situe dans le passé, la fin n'est pas indiquée :

Il est malade **depuis** | quatre jours.
neuf heures du matin.
ce matin.

**Depuis qu'**il est malade, il ne sort plus.

| Il y a ... que ... | Cela fait ... que ... |

Pour une durée chiffrée, on peut dire aussi :

**Il y a**
**Cela fait** | quatre jours **qu'**il est malade.

**A partir** | **de ...**
**du ...**

Le début se situe dans le futur ou le passé; la fin n'est pas indiquée :

— Je serai absent **à partir** | **de** demain.
**du** 15 avril.
— Il a été absent **à partir** du 1ᵉʳ août.

● **Une durée dont on indique seulement la fin.**

| jusqu'à ... | jusqu'au ... |

— Je reste ici (**jusqu'à** la semaine prochaine).
— Je suis restée ici **jusqu'au** 15 juillet.

**Jusqu'à ce que + verbe au subjonctif.**

Je reste ici **jusqu'à ce que vous veniez me chercher.**

## 107 La simultanéité

Quand deux événements se passent en même temps, on emploie les formes suivantes :

● **Adverbes : pendant ce temps, en même temps** (juste en même temps, presque en même temps), (langue écrite : cependant), **à ce moment-là :**

— Préparez-vous ! **pendant ce temps,** j'appelle un taxi.
— Nous sommes arrivés **en même temps.**
— Il a traversé la rue, une voiture est arrivée **au même moment.**

● **En + gérondif :**

Venez, nous bavarderons **en marchant.**

● **Prépositions : Pendant, au cours de** (en langue écrite, on trouve aussi : **durant):**

— **Pendant le repas,** il m'a raconté son histoire.
— **Au cours du match,** 2 joueurs ont été blessés.

● **En même temps que + nom ou pronom :**

Je suis arrivé **en même temps que** mon frère (qui).

● **Conjonction de subordination + verbe :**

Quand, lorsque, pendant que, au moment où, tandis que (langue écrite) comme (langue écrite), alors que, à mesure que, maintenant que ...

— **Pendant qu'il** se baigne, je reste sur la plage (Présent).
— **Quand tu** viendras, en avril, ce sera le printemps (Futur).

Dans chaque phrase, les 2 verbes sont au même temps.

● **Chaque fois que, toutes les fois que + verbe :**

On emploie ces formes pour exprimer une idée de répétition :

**Chaque fois** que nous voulions sortir, il pleuvait
(les verbes sont au même temps).

## 108 L'antériorité

Pour indiquer que l'événement dont on parle a lieu avant un autre, on emploie les formes suivantes :

● **avant, d'abord :**

Nous dînons à 8 heures, mais venez **avant**.

(On renforce l'idée d'antériorité en employant : **d'abord**) :

Je veux bien aller au cinéma ce soir, mais je veux **d'abord** dîner.

● **avant + substantif ou pronom :**

Je suis arrivé **avant** lui.

● **avant de + infinitif :**

Il faut que je finisse mon travail **avant de sortir**.

● **avant que + verbe au subjonctif :**

Rentrons vite **avant qu'il pleuve**.

On trouve dans la langue écrite, **avant qu'il ... ne** pleuve.

## 109 La postériorité

Pour indiquer que l'événement dont on parle a lieu après un autre, on emploie les formes suivantes :

● **Après, ensuite, aussitôt :**

Je sors du bureau à 6 heures. **Après (Ensuite)** je vais me promener.

Il a sonné et la porte s'est ouverte **aussitôt** (tout de suite après).

● **Après (dès) + substantif ou pronom :**

**Après** le dîner, nous irons au bal. Je vous téléphone **dès** mon arrivée.

● **Après + verbe à l'infinitif passé :**

**Après avoir cherché** longtemps, il a trouvé la maison de ses rêves.

● **Une fois, dès, aussitôt + verbe au participe passé :**

**Une fois mon travail fini,** je partirai en vacances.

On dit aussi : **Mon travail fini,** je partirai en vacances.

● **Quand, après que, dès que, une fois que,
aussitôt que + verbe à l'indicatif :**

Vous me préviendrez **dès qu'il arrivera (sera arrivé).**

# CHAPITRE XVII

# Le lieu

## 110 Le lieu où l'on est et le lieu où l'on va :

Je suis
Je vais

à Paris, **à** la gare, **au** lycée, **à** la piscine,...
**à** la mer, **au** 3<sup>e</sup> étage,...
**en** France, **au** Chili, **aux** États-Unis,...
**dans** ma chambre, **dans** le jardin,...
**chez** moi, **chez** des amis,...

Pour remplacer ces compléments de lieu, on emploie le pronom personnel **y.**

— Vous allez à Paris ?
— Oui, j'**y** vais.

## 111 Le lieu d'où l'on vient :

Je viens

**de** Paris, **de l'**école,...
**de** France, **du** Chili, **des** États-Unis,...
**de** ma chambre, **du** jardin,...
**de chez** moi, **de chez** des amis,...

Pour remplacer ces compléments, on emploie le pronom personnel **en :**

— Vous venez des États-Unis ?
— Oui, j'**en** viens.

## 112 Un lieu de passage : par

Pour aller de Paris à Marseille, on passe **par** Lyon.

**113 Une direction :** vers, du côté de :

Toutes ces voitures se dirigent **vers** Paris.

**114 Un but, une destination :** pour :

Je prends l'avion **pour Rome** ce soir.

**115 Comment indiquer le pays où l'on est et le pays où l'on va.**

● Avec les noms de pays **féminins** et les noms de pays **masculins commençant par une voyelle,** on emploie la préposition **en** :

|            | **en** France.    |
|------------|-------------------|
|            | **en** Argentine. |
|            | **en** Italie.    |
| Je suis    | **en** Belgique.  |
| Je vais    | **en** Uruguay.   |
|            | **en** Iran.      |
|            | **en** Égypte, etc... |

● Avec les noms de pays **au pluriel** et les noms de pays **masculins commençant par une consonne,** on emploie les déterminants **au** ou **aux** :

|            | **au** Chili.        |
|------------|----------------------|
|            | **au** Portugal.     |
| Je suis    | **au** Mexique.      |
| Je vais    | **au** Sénégal.      |
|            | **aux** États-Unis.  |
|            | **au** Maroc, etc... |

**116 La distance :** jusqu'à, depuis, pendant :

— Je vous accompagne **jusqu'à Paris.**
— **Depuis Paris,** il y avait beaucoup de voitures sur la route.
— Nous avons roulé lentement **pendant dix kilomètres.**

# CHAPITRE XVIII

# L'intention ou le but

## 117 Un but que l'on veut atteindre

Voici les formes les plus fréquentes employées pour exprimer une intention ou indiquer un but que l'on veut atteindre :

● **Pour**
**en vue de** | + nom ou verbe à l'infinitif :

Le boxeur s'entraîne **pour** son prochain combat.
Beaucoup de Parisiens prennent le métro **pour aller** à leur travail.

REMARQUES : a) On emploie **Pour** + **infinitif** quand l'infinitif a le même sujet que le verbe de la phrase.
b) C'est **pour** qui est employé le plus couramment.
**En vue de** est utilisé surtout dans la langue écrite.

● **Pour que**
**Afin que** | + verbe au subjonctif :

Prévenez-moi de votre arrivée **pour que** j'aille vous attendre à la gare.

REMARQUES : a) On emploie ces formes quand les verbes de la phrase n'ont pas le même sujet.
b) **Pour que** est la forme la plus fréquente;
**Afin que** est surtout employé dans la langue écrite.

● **Exprès pour + infinitif**
**Exprès pour que + subjonctif :**

Ces formes sont employées quand on veut insister sur le but à atteindre :

Il a fait cela **exprès pour** m'ennuyer.

● **De façon à**
**De manière à** | + verbe à l'infinitif :

Je travaille beaucoup ce mois-ci, **de manière à pouvoir** partir en vacances le mois prochain.

## 118 Un but que l'on veut éviter :

● **Pour ne pas**
**De peur de** | + verbe à l'infinitif :
**De crainte de**

Il n'a pas dit qu'il était malade | pour ne pas / de peur d' / de crainte d' | inquiéter ses amis.

REMARQUES : a) On emploie ces formes quand les verbes ont le même sujet.
b) La forme **pour ne pas** est la plus fréquente.

● **Pour que... ne... pas**
**De peur que... ne** | + verbe au subjonctif :
**De crainte que... ne**

Il n'a pas dit qu'il était malade | pour que ses amis ne s'inquiètent pas. / de peur / de crainte | que ses amis ne s'inquiètent.

REMARQUES : a) On emploie ces formes quand les verbes n'ont pas le même sujet.
b) La forme : **pour que... ne... pas** est la plus fréquente.

# CHAPITRE XIX
# La cause

**119** Exprimer une cause, c'est donner la raison pour laquelle un événement a ou n'a pas lieu. Voici les formes les plus fréquentes de l'expression de la cause :

● **à cause de (du, des)** | + **substantif ou pronom :**

Je ne suis pas sorti **à cause du mauvais temps.**

● **Pour + nom ou infinitif passé.**

Il a été condamné **pour** | vol.
avoir volé.

● **Parce que + verbe**

**Parce que** commence souvent une réponse à une question introduite par **pourquoi :**

— Pourquoi est-ce que tu n'es pas venu hier ?
— **Parce que** j'avais trop de travail.

On emploie aussi : **c'est que...**

● **Comme + verbe**

Cette forme est utilisée surtout dans la langue écrite. Elle se place au début de la phrase :

**Comme** il avait besoin d'argent, il vendit sa maison.

On peut employer également : **étant donné que...**
**du fait que...**

● **Car**

**Car** a la même utilisation que **comme,** mais l'ordre des éléments de la phrase est inversé :

Il vendit sa maison, **car** il avait besoin d'argent.

● **Puisque + verbe**

On emploie généralement **puisque** pour indiquer une cause déjà exprimée :

— Tu viens au cinéma avec moi ce soir?
— Non.
— Eh bien, **puisque** tu ne viens pas, je n'y vais pas non plus.

● **La juxtaposition**

On exprime souvent la cause en employant seulement la juxtaposition :

Je ne suis pas sorti hier : il faisait trop froid.

● **D'autant plus que**
**Surtout que...** | **+ verbe**

Ces formes sont utilisées pour insister sur la cause exprimée :

Je n'ai pas voulu l'inviter, **d'autant plus qu'**il n'est guère sympathique.

**Surtout que** est plus familier que **d'autant plus que.**

● **Verbe au gérondif**

Je me suis cassé la jambe **en tombant** dans l'escalier.

● **Comme si + verbe à l'imparfait**
**(ou plus-que-parfait)**

Cette forme est utilisée pour exprimer une cause apparente :
Il court, **comme s'il était** en retard. (En réalité il n'est pas en retard).

# CHAPITRE XX

# La conséquence

**120** Voici les formes les plus fréquentes de l'expression de la conséquence :

● **Alors :**

Il était en retard; **alors** je ne l'ai pas attendu et je suis parti sans lui.

● **Donc, c'est pourquoi, par conséquent :**

Je suis malade | **c'est pourquoi** je ne peux pas sortir.
| je ne peux **donc** pas sortir.

● **La juxtaposition**

Dans la langue parlée, on emploie souvent la simple **juxtaposition :**

Je suis malade : je ne peux pas sortir.

● **Aussi**

Dans la langue écrite, on emploie souvent **aussi,** en faisant l'inversion du sujet :

Il était malade; **aussi évitait-il** de sortir tard.

● **De telle façon que, de telle sorte que,** | **+ verbe à**
**De telle manière que, si bien que,** | **l'indicatif**
**Au point que, à tel point que,**

Il a fait mauvais temps pendant ces vacances, **de telle sorte que** nous n'avons pas pu nous baigner.

REMARQUE : On peut dire aussi : **de façon que, de sorte que, de manière que.**

# CHAPITRE XXI

# La supposition et la condition

## 121 La supposition

Faire une supposition, c'est imaginer qu'un fait peut avoir lieu, et en tirer une conclusion. On peut employer les formes suivantes :

● **en cas de** + substantif :

**En cas d'incendie,** téléphonez aux pompiers.

● **à supposer que**
   **en supposant que** | + verbe au subjonctif :
   **en admettant que**

**En admettant que** vous disiez la vérité, personne ne vous croira.

● **au cas où** + verbe au conditionnel :

Prenez votre parapluie **au cas où** il pleuvrait.

## 122 La condition

Exprimer une condition, c'est indiquer qu'un fait doit se réaliser pour qu'un autre fait puisse avoir lieu. On peut employer les formes suivantes :

● **à condition de** + verbe à l'infinitif :

Il peut réussir à son examen, **à condition de travailler.**

● **à condition que** + verbe au subjonctif :

Nous irons nous baigner demain, **à condition qu'**il fasse beau.

- **du moment que + verbe à l'indicatif**

On emploie cette forme quand on veut insister ·sur le fait que la condition est suffisante :

**Du moment que** vous me prévenez, vous pouvez venir quand vous voulez.

REMARQUE : On peut employer aussi : **pourvu que** + verbe au subjonctif :
**Pourvu que** vous me préveniez, vous pouvez venir quand vous voulez.

- **Si + verbe à l'indicatif**

**Si + présent de l'indicatif :**
La réalisation de la condition est possible :

**Si je peux,** | je passe vous voir ce soir
ou | je passerai vous voir ce soir.

**Si + imparfait de l'indicatif :**
La réalisation de la condition n'est pas possible dans le présent :

**Si je pouvais,** je passerais (conditionnel présent) vous voir ce soir (mais ce n'est pas possible).

**Si + plus-que-parfait de l'indicatif**
La réalisation de la condition n'était pas possible dans le passé :

**Si j'avais pu,** je serais passé (conditionnel passé) vous voir hier soir (mais ce n'était pas possible).

- **sauf si**
  **excepté si** | + verbe à l'indicatif
**à moins de** + verbe à l'infinitif ou substantif
**à moins que ... ne ...** + verbe au subjonctif.

On emploie ces formes pour insister sur le caractère de nécessité absolue de la condition exprimée :

Je ne sortirai pas ce soir | **sauf si** tu viens me chercher en voiture.
| **à moins que** tu **ne** viennes me chercher en voiture.

**A moins d'un accident,** j'arriverai ce soir à 8 heures.

# CHAPITRE XXII
# L'opposition

**123** Pour marquer seulement une opposition entre deux faits, on emploie le plus souvent les formes suivantes :

● **Mais**

Il m'a demandé de l'accompagner, **mais** je ne pouvais pas.

● **Au lieu de +** | **substantif**
**verbe à l'infinitif :**

Il s'amuse **au lieu de** travailler.

● **Tandis que**
**Alors que** | **+ verbe.:**

Il est brun, **alors que** sa sœur est blonde.

**124** Souvent, dans une opposition, on marque que l'un des deux faits pourrait interdire la réalisation de l'autre, mais qu'il ne le fait pas.
On emploie, dans ce cas, les formes suivantes :

● **... Quand même :**

Il pleuvait, mais je suis sorti **quand même.**

On emploie aussi : **tout de même.**
**Quand même** et **tout de même** sont utilisés surtout dans la langue orale.

● **Avoir beau + verbe à l'infinitif :**

**Il avait beau pleuvoir,** je suis sorti.

On ajoute parfois **quand même** à la fin de la phrase.

**Malgré**
**En dépit de** | + substantif :

Je suis sorti **malgré** la pluie.

On emploie : **en dépit de...**, surtout dans la langue écrite.

● **Pourtant, cependant, toutefois :**

Il vit pauvrement; il a **pourtant** beaucoup d'argent.

On emploie **cependant** et **toutefois** surtout dans la langue écrite.

● **En tout cas, de toute façon, de toute manière :**

— Qu'est-ce que nous faisons ce soir ?
— Je ne sais pas.
— **En tout cas,** nous ne restons pas à la maison.

● **C'est égal; Il n'empêche que (n'empêche que) + verbe :**

Je suis content de te voir. **C'est égal,** tu aurais pu annoncer ton arrivée.
(ou : **Il n'empêche que** tu aurais pu annoncer ton arrivée).

● **Bien que**
**Quoique** | verbe au subjonctif :

**Bien qu'**il ait plus de soixante-quinze ans, M. Dupont fait encore de la bicyclette.

**Quoique est** utilisé uniquement dans la langue écrite.

# Index

Les chiffres romains indiquent les chapitres (cf. XV); les autres chiffres indiquent les paragraphes (4, 28).

# Table des matières

*Imprimé en France,* par l'Imprimerie Hérissey, Évreux (Eure) — N° 42232
Dépôt légal : N° 4530-04-1987 — Collection N° 06 — Édition N° 10

**15/4172/1**